海洋県沖縄における
学校給食からの食育

海からの贈り物

森山克子
琉球大学教育学部
生涯健康教育コース講師

巻頭言

国立大学法人 理事・副学長
西田 睦

地球表面の七割を占める海は、人間社会を隔てるものであるとともに、流通の媒体としてそれを繋ぐものでもあり、私たちにとってきわめて重要なものです。それに海は何よりも生命のふるさとであり、私たちの大切な食材を供給する場でもあります。しかし、ずいぶん前に陸上生物となった私たちヒトは、つい海への意識が弱くなってしまうことがあります。海の生きものの研究をしてきた私は、このことがたいへん気になっています。海洋県である沖縄の地は、この大切な海を知り、海を守り、海を利用することに役立つ教育について考え、実際に取り組むのに最適なところです。

琉球大学では、教育学部の教員の有志を中心に、「沖縄から発信する各学校での実践支援のあり方と教師教育～海を活かした教育に関する実践研究～」事業を、日本財団の支援でおこなってきました。この事業の軸は、琉球大学だから、沖縄だからできる「海を活かした教育」の研究です。この活動の成果のひとつが本書です。

この本には、海洋県沖縄における食育に関するさまざまな経験を踏まえた豊富な内容が盛り込まれています。まず、表紙にいろどりを添えてくださった沖縄が誇る版画家の名嘉睦稔さんと著者である森山克子さんとの対談が読者を迎えてくれます。対談の話題は、海と沖縄の食からはじまり、いのちに及びます。

つづく第1章では、〝子どもの食体験は人生の基礎〟という考えにもとづき、「沖縄子ども食育研究会」（森山研究室）で進められた、子どもへの体験学習の取り組みの成果が述べられています。さらに、沖縄の郷土料理を学校給食に活かす実践活動の成果から、弁当づくり、朝ごはんづくりへと展開していきます。実際につくられた料理のおいしそうな写真とレシピも豊富に示されています。

さらに第2章では、食育は知育・徳育・体育の基礎となる重要なものであることが論じられ、しめめくくりの第3章では、沖縄の小学校・中学校での実例をもとに、海洋教育と食育との関連性が分析されます。これらの合間に置かれた豊富なイラストとコラムが、目を楽しませ息抜きを与えてくれます。

本書が、学校現場や家庭で食育を考え実践する上で、皆さまのお役に立てば幸いです。

発刊にあたって

海は世界への夢の扉………………森山克子

国立大学法人　琉球大学教育学部
生涯健康教育コース講師

私たち、ウチナーンチュ（沖縄の人）の先祖はニライカナイ思想（遥か遠い海の彼方にあるとされる新界）を持ち、海からやってくる神々や人々を肝心＝チムグクル（人の心に宿る、より深い想い）でおもてなしをし、邦を繁栄させてきました。その思想は今でも受け継がれ、観光立県として世界中からやってくる人々をもてなしています。

その海がもたらす恵みや夢を、学校給食からお伝えしたいと考え、平成二十二年度（二〇一〇年）から五年間、日本財団の助成を受けて「食育と海洋の関連性について」の研究をしてきました。二〇一〇年八月、沖縄県の全ての教育事務所を訪問して、小中学校の教育計画から関連する指導内容の調査をし、その結果、島嶼県おきなわの最大の教材「海」を食育の中で活用した就学時前から義務教育終了時までの食育教材（三歳児からの生涯にわたる食育活動の資料、学校給食からお弁当、楽しく学ぼう！海の幸を食卓に。クイズQ・食マスター等）の開発を行ってきました。

二〇一一年からは、それらを活用して学校現場や保護者等へこどもの頃からの食育の大切さや海洋県沖縄の郷土を愛する心、自然を愛する心、食文化を愛する心、感謝する心等をお伝えしてきました。

今回、これまでの思いや活動をこの一冊に記載させていただきました。まとめるにあたりまして、ご協力いただきました小中学校の先生方には深く感謝申し上げます。

この本が世界への夢の扉として一人でも多くの人の心に届いていただければと願っています。

海洋県沖縄における
学校給食からの食育

海からの贈り物

目次

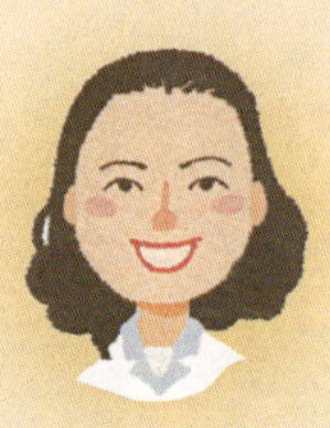

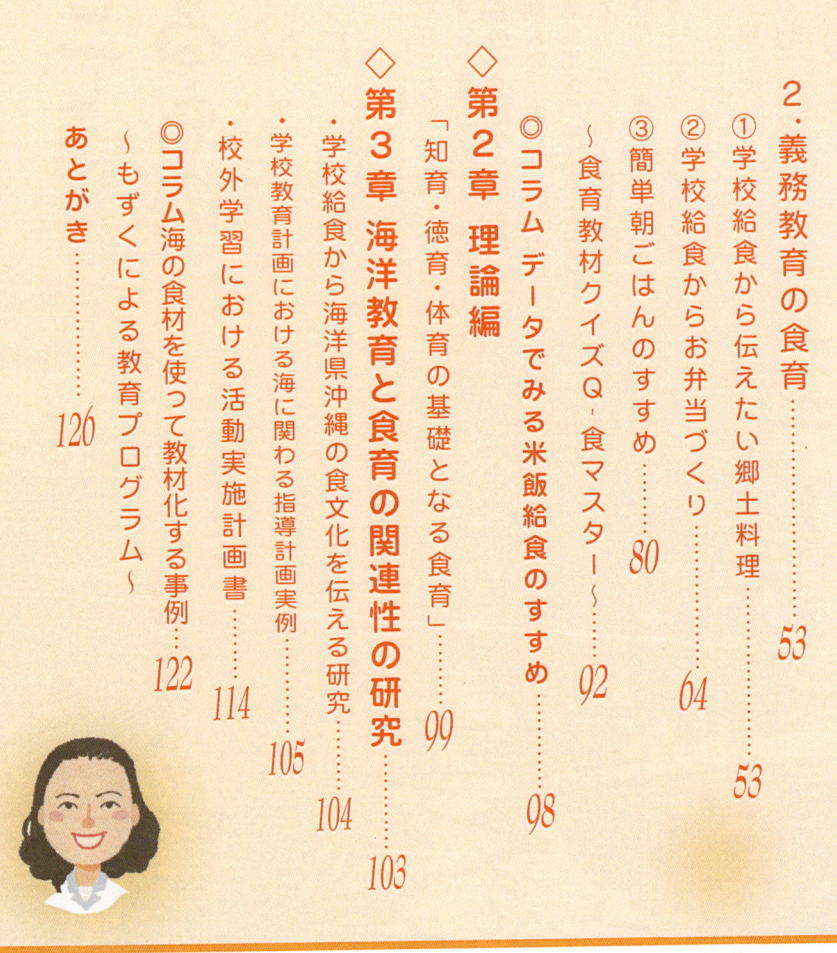

特別対談

「海を通して守り伝えるもの」

名嘉睦稔《版画家》

森山克子

琉球大学教育学部
生涯健康教育コース講師

海を介した食育を通して、愛やロマン、そして夢やご先祖さまからのつながりを伝えたい、と特別対談にお迎えしたのは、伊是名島出身の版画家・名嘉睦稔氏です。折しも2014年の夏の睦稔氏の作品展のタイトルが『海に還ろう〜生命の原郷を彫る』。互いにとって同じキーワードの「海」をテーマに、それぞれの思いが交わされました。

昆布ロードに思いを馳せて

森山　今回、対談をさせていただくにあたりまして、実は、事前にこちらの睦稔さんが建てられたアカラの中にある「ボクネン美術館」に伺わせていただきました。

　来て見てビックリしました。なんと、テーマが海。「睦稔さんも、海をテーマにしている！」と今日のこの日の対談が導きであるかのように思いました（笑）。

睦稔　なぜ、僕がご指名に預かったのか不思議だったのですが（笑）。

森山　私も来てみてわかりました（笑）。私は学校給食が専門なのですが、食を通して命の大切さを伝えることを使命に思って活動をしています。ご先祖さまからの「縦のつながり」と、今、生きている中で自分が生かされていることを感謝する「横のつながり」が大事だと考えています。これらを今、海を通して子供たちに伝えたいのです。

　例えば、私が調べている昆布ロードに関わる素材・昆布を使った「クーブイリチー（沖縄料理で昆布の炒め煮）」を例に挙げると、縦のつながりとしては、十三祝いの膳に出ることによって、代々そうやって食べられてきたという伝統を伝えることができます。

睦稔　なるほど。その昆布ロードですが、この前、富山県に行った時に富山湾の中に5つも港があることを知ったのですが、そのたくさんの港のある富山は、かつて昆布ロードで沖縄とつながっていた歴史がありますね。そして、そこから相当の量の昆布が沖縄に運ばれていたという…。

森山　はい、そうです。

睦稔　沖縄の料理に昆布がいろいろ使われるからこそ、昆布の需要がたくさんあったのでしょうが、そもそもは、料理を作る女性を中心に、彼女たちの身体が昆布を求めたのではないかと、ぼくは思うのです。昆布は沖縄の、特に女性の身体に非常に影響を与えたのではないかと。つまり、我々の祖先（女性）が身体で昆布を要求した結果、昆布ロードが確立したのではないかと思うのです。

森山　面白い！　確かにそうかもしれませんね。

睦稔　でも、ぼくは子供の頃は昆布が嫌いでねぇ。ばぁちゃんが刻んで揚げたりして昆布を美味しそうに食べていたのを覚えているのですが、どうも苦手で。肉が好きなんだけど昆布が入っているとイヤだった(笑)。

森山　小さいうちは昆布は苦手かもしれませんね。

この前、現代の昆布ロードとしてハワイを取材してきたのですが、ハワイで今、昆布を欲しがっている実情があるのです。

あるスーパーに行くと、棚一面昆布でうまっていました。しかも、沖縄からきた昆布がとても好まれていて。

睦稔　ハワイで昆布ですか!?

森山　沖縄の料理に由来するところで求められているのですが、昔の呼び方「煮しめ」という言葉で呼んでいました。デリバリー料理になっていたり、ポークと組み合わせた惣菜として売られていたりしていました。（＊P 18参照）

睦稔　ははあ、それも女性が欲しがっているのでしょうね、きっと。それはとても内なる声なんだと思いますね、身体が昆布を必要とするという。

同じロードでも「にしん」は沖縄にやってこなかったわけですよね。なぜかといえば、つまりは必要なかった。「にしん」は沖縄の女性の身体が欲していなかったということなのでしょうね。

　ちなみに先生、栄養学的にみると昆布はどうなのですか？


森山　これほどまでに、たくさんの昆布が沖縄に運ばれてきた理由には、おそらく、豚文化との栄養学的・科学的組み合わせが大きいと思います。豚と一緒に料理をすると互いに効果があるのです。

　例えば、豚の脂で昆布が柔らかくなったり、また、逆に昆布の旨味で豚の味がより良くなったり。そんなことで昆布の需要は伸びたと思われます。

　それと、沖縄が汁物文化だったので、昆布は大活躍でしたね。旨みであったり、出汁になったり。汁物には欠かせないですから。

　あと、これは沖縄料理研究家の松本嘉代子先生に聞いたのですが、乾燥させた昆布は置けば置くほど旨みが増すのだそうです。買ってきた昆布はしばらく放置して寝かせるといいそうです。だから、昆布は遠路はるばる沖縄まで運ばれるうちに、より美味しくなったと考えられます。理にかなっていたといえますね。

睦稔　それともうひとつ、女性が昆布を欲しがったというぼくの持論に加えたいのですが、海そのものをからだに取り入れたいという欲求があったのではないでしょうか。食べることによってまるごと海を体に持つというような感覚で。女性の子宮の中の羊水がまた、海そのもの。進化の中で海を保有して陸に上がってきたわけですからね。

森山　それもまた、面白いですね。

海は母といいますから、女性が海と同化するために昆布を口にする、というわけですね。

睦稔　子が女性のからだに宿るとカルシウムとかいろいろなミネラルが子に取られて不足がちになってくる、とよくいいますよね。だから、まるごと昆布を通して海を取り入れたとも考えられそうではないですか？

女性が健康であるためには昆布を食べなくてはいけない！という感じで。おばぁや母や、女性たちがこぞって昆布を美味しそうに食べるというのはそういうことなのかなぁと思います。

ぼく自身も子どもの頃には食べたくなかった昆布を、今の歳になって少し食べるようになったというのは、僕にも必要な時期が来たということなのかもしれませんね（笑）。今では、普通に食べられるようなったから（笑）。

森山　昆布にまつわる話といえば、私は「昆布を結ぶ」という言葉にとても意味を感じます。例えば、結び昆布にあらわれるように縁を結ぶとか、これまでの歴史や昆布ロードを思ってみても、北と南を結んだり、先の話のハワイなど西と東など縦にも横にも結んでくれる。

昆布ひとつでいろいろな意味を持つので、本当に面白いテーマだと思っています。

命をいただくということ

睦稔　『山ハゲ海ハゲ』――ぼくは自称海人（沖縄の方言で海に関わる仕事をする人・うみんちゅ）なんですが、海人言葉にこういう言葉があります。山がハゲたら海もダメになるという意味で、これは、フィンランドやヨーロッパにも似たような言葉があります。海と親密な生活をしてきた歴史の中で、ぼくは自然とこの言葉が生まれてきたのだと思います。

森山　海と山は恋人だといいますものね。

睦稔　陸の豊かさは海の豊かさ。これをうちなー（沖縄の意）で表現すると、海の豊かさはサンゴが

表わしています。海であれば、一平方メートルの珊瑚礁の中にどのくらいの魚がいるか、生き物がいるか。これを見れば一目瞭然。そして、さらに沖縄がすごいのは、島そのものが、サンゴでできていること。赤土もクチャ（沖縄でしか取れない泥）もみんなサンゴが風化したものから出来ている。すごいことです。ちなみに、北海道にも赤土が出るところがあるのですが、それも、かつてサンゴがそこにあったのではという説が出ているといわれています。

森山　サンゴの多様性はすごいですね。

睦稔　ぼくはそんなサンゴをはじめとする海の恩恵に預かって、海のものをいろいろと摂り入れてきたと思います。人はバランスをとって生きていますが、身体を作るという上で、本能的に知っていることの一つが、海と関連のあるものを食べるという本能だと思います。

森山　そうですね。ただ、本能といえば、最近特に感じるのが五感を使っていないということです。

睦稔　魚と刺身の関係がわからないと聞きますね。つまり、命の伝播をしていることが理解されていないのでしょうね。魚を見てきれいだなぁと思うと同時に、美味しそうだなって思うけれど、それをわかってもらえない（笑）。

森山　調理実習の時に、学生は魚の目を見るだけで怖いというけれど、3歳クッキングの時の子供たちは、魚を両手で持って泳がす動作をしたりします。

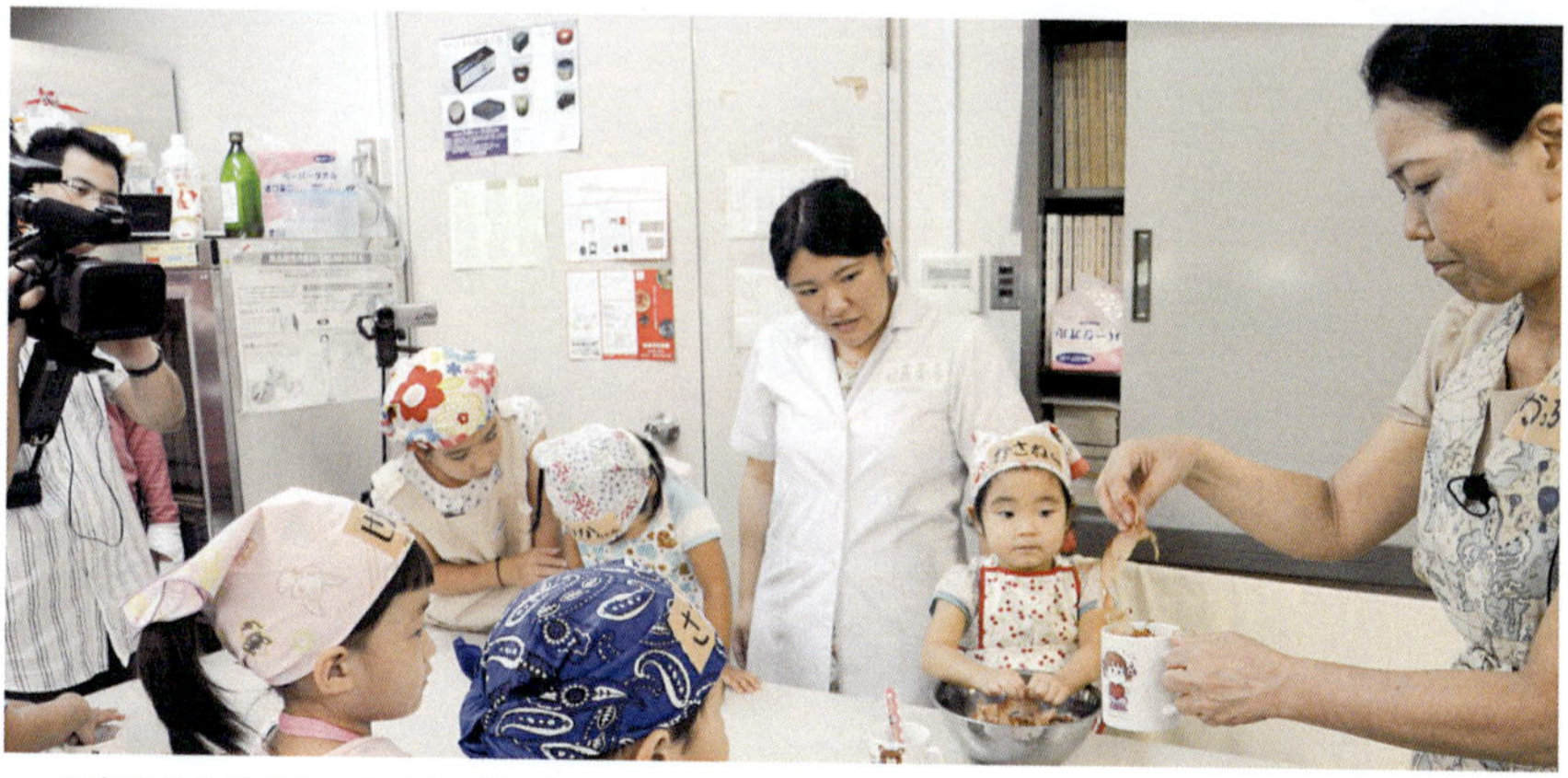

3歳児のためのシェフクラブより

睦稔　そこに教育の難しさがありますね。

生きているものを食べているということを、食の教育の中にうまく取り入れて欲しいと感じます。「死」を隠蔽すると、食の「死」も隠されてしまう。食は死と背中合わせ、もしくはつながっているわけですからね。命をいただくということを社会の仕組みの中で、隠されないようにする仕組みが必要だと思います。

生は間違いなく死に支えられて存在すると思います。

森山　その命の生と死に関して言えば、睦稔さんもご出演された映画「地球交響曲～ガイアシンフォニー第二版～」の中で、森のイスキア（＊）を主宰されている佐藤初女さんが、『命の移し換え』という言葉をおっしゃっていましたね。例えば、野菜をひとつの器だとすると、それを収穫していただくことで人間の器に移し替えることになるというわけです。玉ねぎならそれを炒めて透き通ってくることによって次の姿になる。これはとても素敵な言葉だと思って感動しました。

初女さんも小学校の教員をされていたこともあって、沖縄にいらした時に良くしていただきました。

（＊森のイスキア　青森県、弘前市から車で1時間。岩木山の麓、標高400メートルの湯段温泉の地にある、憩いと安らぎの家。）

森山　私は、海を中心として、琉球のスピリットを守り伝えることを念頭にして活動をしているので

すが、睦稔さんにとってのスピリットというのはどんなことですか？

睦稔　ぼくが考えるには、スピリットというのは風土そのものだと思うのです。

よく、沖縄にこだわっているのか？と聞かれるのですが、別にこだわってはいないんです。ただ、自分の周りに面白いものがたくさんあって、それに興味があってやってきたらこうなっただけなのです。この風土の中に生きてきたから表現できるものがあって、この風土とあらゆるものが折り合いをつけてきたと思います。食もその中のひとつで、この風土があったからこそ独自のものが形成されたのです。

だから、営々としてここで繋がって生きている関係性の中で、スピリットは風土だと考えます。

森山　高村光太郎が沖縄のことを書いた詩があるんですが、それは「永遠の大河の中に、今、与えられた出番の命」という当たり前のことを当たり前に累々とやってきたという内容なのですが、睦稔さんの今のお話を聞いてふと、思い出しました。

今日は貴重なお話をどうもありがとうございました。

睦稔　ありがとうございました。

『名嘉睦稔さんとの対談を終えて』

沖縄の伊是名島という島で生まれ育った睦稔さんにとって、

海は本当に身近なもので、海で遊び、海に学び、そして、海から考えていらっしゃることがよくわかりました。もしかすると身近というより、生活の一部、もしくは生活そのもののようにさえ思えました。ですから、人、特に女性は海そのものを体に取り入れようとすることから、海の幸を食べるのではないかという発想。これにはとても驚き、そして、興味深く拝聴させていただきました。目からウロコでした。

そんな睦稔さんの海への思いや考えを学校教育の中に活かしていったら、とても面白いものになるのではないかと感じました。

例えば、一番直接的なのは、「海を通した体験」。沖縄に生まれ育っていても、子供たちはいつも海と接しているとは限りません。ですから総合学習や社会科の授業の中で、海人（うみんちゅ）体験をする、海に関わる人の話を聞く、海の食材の加工場や養殖所などの見学をする…といった授業展開を取り入れれば、それによって海が身近なものになっていきます。

しかし、沖縄の子どもにとっても海は海水浴などレジャーのイメージで、海が全ての命の源であり、ご先祖から今まで海の恵みによって生かされていることを体感することは少ないのが実状です。そこで間接体験として、給食献立

を活用した食育を提案しています。献立の中に多く取り入れ、見て食べるという間接体験は、海を感じてもらうことができるのです。海の食材が苦手な子どもでも繰り返し出されることにより、知らず知らずのうちに体験ができ、親しむことができるようになります。

睦稔さんの話に出てきたように、『昆布』を例に挙げれば、「おばあさんが良く昔食べていたのを見ていたが、自分は好きではなかった。」でもそれが今では「好きになって、食べられるようになった」。この変化の間には、繰り返し食べた経験があったと察します。

その部分を、学校では学校給食を通してつないでいくことが可能だと思いました。追随体験も、関連体験も、連想体験も、模倣体験もすべて有効なことです。

・おいしいと思わなかったけれど、祖母たちを囲んだ食卓にはいつもクーブイリチーがあった。

↓

・それと同じものが学校に入ったら給食にでるようになった。

↓

・最初は嫌だったけれど、いつの間にか美味しく食べられるようになった。

こんなことがきっかけで、家庭でも親戚一同が集まった時のお重料理の中の昆布も箸が進むようになったりするものです。

学校給食の役割大きさを改めて感じずにはいられませんでした。

ここに改めて、名嘉睦稔さんに対談の機会とお時間をいただいたこと、心から感謝申し上げます。

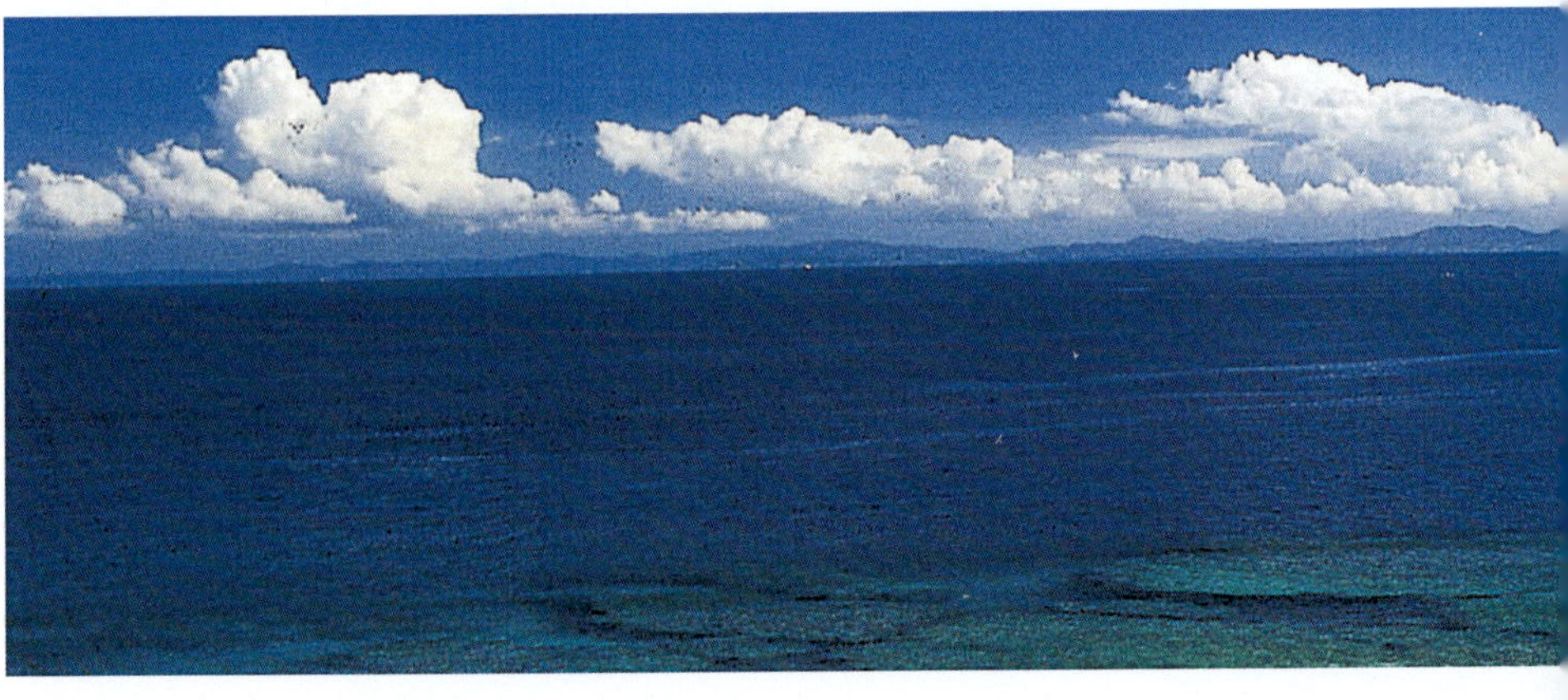

昆布ロードと沖縄

教育プログラムへの食育展開の提案

沖縄は、島嶼県です。大小さまざまな島々では、おきなわもずく（スヌイ）・ヒトエグサ（アーサ）・イバラノリ（モーイ）・海ぶどうなど海藻類の種類もたくさんあり、昔からそれぞれに食べ方の工夫がなされ、親しまれてきました。そんな中、とりわけ沖縄の人々の食生活に溶け込んだ海藻類があります。それが「昆布」です。その消費量は、総務局の家計調査によると上位に入っていることが多く、かつて、全国一位になった時もあるくらいなのですが、しかし実のところ、沖縄の海では　採れない海藻類です。

では、どうしてそんなに昆布が沖縄の食生活に根づくことになったのでしょうか？

答えは「昆布ロード」と呼ばれ

北海道
富山
九州
沖縄
昆布ロード
昆布は北海道で採れて、富山の北前船を経由して九州、沖縄で消費され、移民でハワイの移住した人により、そこでも食卓に並ぶようになった。

た昆布の道にあります。時は江戸時代。沖縄がまだ、琉球王朝時代の頃のことです。

鎌倉時代後期あたりから、北海道の松前と本州の間を交易船が行き交うようになっていました。その時、船に積まれていた荷物のひとつが「昆布」。それゆえ、その航路を「昆布ロード」と呼んでいました。昆布ロードはその後、江戸・大阪・九州へとその航路を伸ばし、琉球と太い繋がりを持つ中国との貿易の利権に目をつけた薩摩藩によって琉球王国にまで運ばれるようになりました。中国では昆布を薬としてことのほか珍重し、高値で、しかも大量に取引することができたからです。

軽くて小さくて高価な交易品。琉球からの輸出量は、長崎からの

ハワイのオアフ島の大型スーパーで日本語と英語で表示されている中、「煮〆」と日本古来の名前の商品も発見

昆布のカルシウムは牛乳の約７倍

北海道から昆布を運んだ北前船

交易品に匹敵するほどの量だったともいわれています。

形の上では薩摩藩が支配していた「昆布ロード」ですが、海洋を渡る架け橋として、その中心を担ったのは間違いなく琉球王国でした。

北の北海道と亜熱帯琉球との昆布を通しての交易には、ロマンやウチナーンチュ（沖縄人の意の沖縄方言）のスピリットを感じずにはいられません。そして現在、日本の北と南を結んできた昆布は、給食という形で沖縄の子供たちに食べて考える教材のひとつとして提供されています。かつての交易から生まれた沖縄の郷土料理「クーブイリチー（昆布の炒め煮）」がその代表的な献立です。実際に食することにより学習を深めること

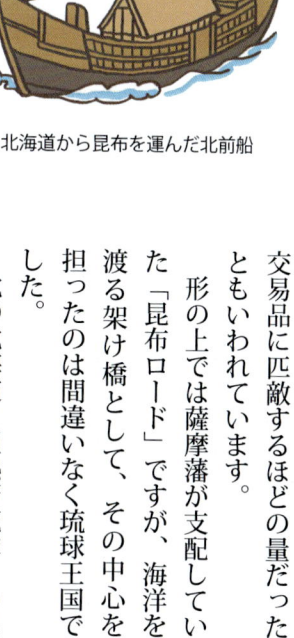

昆布専用のコーナーがあるオアフ島の大型スーパー

ができるのはとても重要です。海を通して歴史を学び、さらに食育へと発展させることにより、とても意義のある教育プログラムへと展開することができます。

また、5年生の社会科の学習計画には「住みよい暮らしと環境」という大単元の中、1．自然を生かしたくらしづくりとして、

一、**暖かい沖縄県の人達のくらし**

二、**寒い宗谷地方の人達の暮らし**

三、**私たちの住む国土いう授業**

があります。ここでも、海の産物が北と南をつなぎ、そして、比較することによって学習内容を深めていく展開が可能です。こうして、教育現場において有意義に結び付けていくことができます。

さて、私は琉球王国時代が育み、今なお教育の現場で様々に生かされている「昆布ロード」と「昆布」を、さらにグローバルに発展させたいとリサーチを重ねてみた結果、ハワイに行き着きました。沖縄とハワイとのゆかりは、多くの人が知るところの移民です。

1889年（明治29年）、最初の移民26名が海を渡り、その後9年間で約9000名近くの人が、沖縄からハワイに移住をしました。サトウキビ栽培に関わる仕事が彼らの主な島での生活

ハワイではこの「クーブイリチー」のように、英語での沖縄料理本も出版されている

でした。

その当時から「昆布」があったのかはまだ調査中ですが、2010年、オアフ島のスーパーに訪れて愕然としました。棚一面に「昆布」が並んでいたのです。なぜ、ハワイに昆布があるのか。沖縄と同様、ハワイでも昆布は採れません。

取材をして納得しました。映画「GO FOR BROKE！」の中にも出てくるように、ハワイ2世の人たちはかつて米国人として、ヨーロッパ戦線へ士官し戦ってきたのですが、その時、ウチナー（沖縄）の血を引くアイデンティティーを示すものは伏せなければなりませんでした。それはつまり、ウチナー料理も彼らの間では姿を消さざるを得ない時代があったということを意味しています。もちろん、家庭によっては継承できた家もあったことでしょう。でも、それはひと握りだったとされています。

それが3世の時代になり、仕方なく淘汰されてきた沖縄との食のつながりを、復活させたいという思いが強くなってきました。食は

アイデンティティーそのものです。そこで、昆布が並ぶようになったというのです。

さらに、店内をよく見てみると、惣菜として昆布が使われているものも発見しました。しかも、昆布巻の具にスパムが使われていたのです。これはまさに、琉球とハワイの融合。琉球スピリットをも感じる、ひとつのチャンプルー文化の姿に思えました。ちなみに、味付けは少し甘味が強かったように感じましたが、そこは、アメリカテイストに変化した結果なのでしょう。

テイクアウトのデリカテッセンのメニューになっているのは、ハワイの人々の日常に溶け込んでいる証拠です。すっかり市民権を得ていました。

数あるデリカテッセンメニューの中でも、昆布巻きは人気のひとつです

昆布を通してハワイで私が見たものは、琉球の英知と希望、そのものだったと感じています。海の産物が海洋を介して海を渡り、海からの贈り物として人々に届けられました。それは、まさしく未来につながる夢のかたちです。

ハワイでは、「昆布巻き」はパー

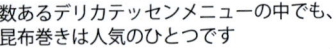

ティーのメニューとしても登場すると聞きました。パーティーは人と人をはじめとするさまざまなものの交流の場です。そこに並ぶことにとても喜びを感じたのは言うまでもありません。

ちなみに、ハワイではポットラックパーティー（参加者が一品ずつ持ち寄って行われるスタイルのパーティーのこと）が盛んです。このところ日本でも人気になりつつありますが、ゲストもホストも気兼ねなく、気軽にパーティーを楽しむことができるのが人気の理由です。その一品に「昆布巻き」がよくチョイスされるというのですから、とても嬉しいことです。

昆布には「結ぶ」「慶ぶ」という言葉も隠れています。まさしくその大役を果たすかのごとくの海洋食品「昆布」だということができます。昆布ブロードはかつて、南北へ、そして、大陸のある西へと広がって行きました。

それが引き続き、現世では東へも伸びています。東西南北、世界をつなぐ夢のロードが出来上がりつつあるといえるのではないでしょうか。

このロードは今後さらに地球の裏側へ、そして、脈々と海洋を介して各地に渡り、地球を縦横無尽につないでいくように思えます。海から与えられる夢と希望。昆布ロードに乗せて、今後も調査を重ねていきたいと考えています。

そして、それらは学校教育のプログラムの中に落とし込み、子供たちへと伝えていくことができることを提案します

美しいハワイのサンセット

第1章
実践篇

実践編として、これまで沖縄子ども食育研究会（森山研究室）が独自に企画した実践研究の実績から、食育の取り組みをまとめました。

就学前と就学以降のライフステージに応じた内容をテーマにすると、とても興味深い取り組みができます。

1・就学前食育

◎「3歳児のための子どもシェフクラブ」

◎新聞紙上エッセイ集（琉球新報コラム）

2・義務教育の食育（小学校〜中学校）

①学校給食から郷土料理を（リメイク郷土料理）

②学校給食からお弁当づくり

③簡単朝ごはんのすすめ

1 就学前食育

「3歳児のための子どもシェフクラブ」

子どもの発達段階において3歳はその発達のポイントとなる年齢です。保育所における食育に関する指針では、3歳児からの食育で「自ら調理し…」という指導内容が示されていることから、生涯にわたる健康づくりのために「調理を体験する」のは、3歳児からスタートするのが望ましいと考えられます。そこで、3歳児にできる動作を大いに利用して調理し、体験学習させます。

食育と海洋の関連性を重視し、学校や家庭における朝ごはんの摂取や食の大切さなどを実践的に提案できる未来の栄養教諭の育成も目指しました。

3歳児の発達例
※箸やハサミが使える。
※ひとり遊びが多い。
※両足を揃えて飛べる。
※小さい物をかわいがる。
※自己を主張して反抗的になる。
※友人との交渉が始まる。
※恐れが非常に強くなる。
※上下・前後の区別ができる。

3歳児の発達段階をみると、手先の動きはもちろん、全身運動など、ずいぶんとできることが増えてきています。それを料理での動作にあてはめてみると、

「丸める」「転がす」「混ぜる」「塗る」「焼く」「切る」「洗う」「振る」「はさむ」「握る」「包む」「ひっくり返す」「茹でる」「蒸す」「くだく」といった動きが可能になることがわかります。これだけのことができれば、料理をすることは特別なことではありません。そこで、この3歳児のための子どもシェフクラブでは、これらの可能な動作を最大限に料理に取り入れ、3歳児から子どもの自主性を育む活動の一助となることを狙いとして進めてきました。

NASH体験の風を起こそう（国立青少年教育振興機構）の調査によると「自然体験・友だちと遊び・お手伝い・地域活動などの体験が、子ども時代から豊富な人ほど大人になってからのやる気や生きがい、モラルや人間関係能力などの資質・能力が高くなる傾向があることがわかります。近年、子どもたちの自然体験、社会体験、生活体験などの体験が減少している中、こういった取り組みはとても有効だと考えます。

《受け入れ準備について》

沖縄子ども食育研究会の子どもシェフクラブでは、大学内の調理実習室を利用しました。

・調理台3台のうち、2台はスタッフの準備用、残り一台は配膳用
・子どもたちの調理台には長机を2台合わせ、脚を紐でしばり固定。高さを調整するために、踏み台を準備。踏み台については、3歳児が乗った時にきちんと腕が出て自由に動かすことができ、安定感があって滑り止めが付いているものを選定。
・撮影による肖像権の確認
・レクリエーション保険に加入。
・道具は、子ども用の刃先が丸くて刃の部分がギザギザのタイプ。
・エプロン・バンダナ・ハンドタオル・内履きは各自で用意

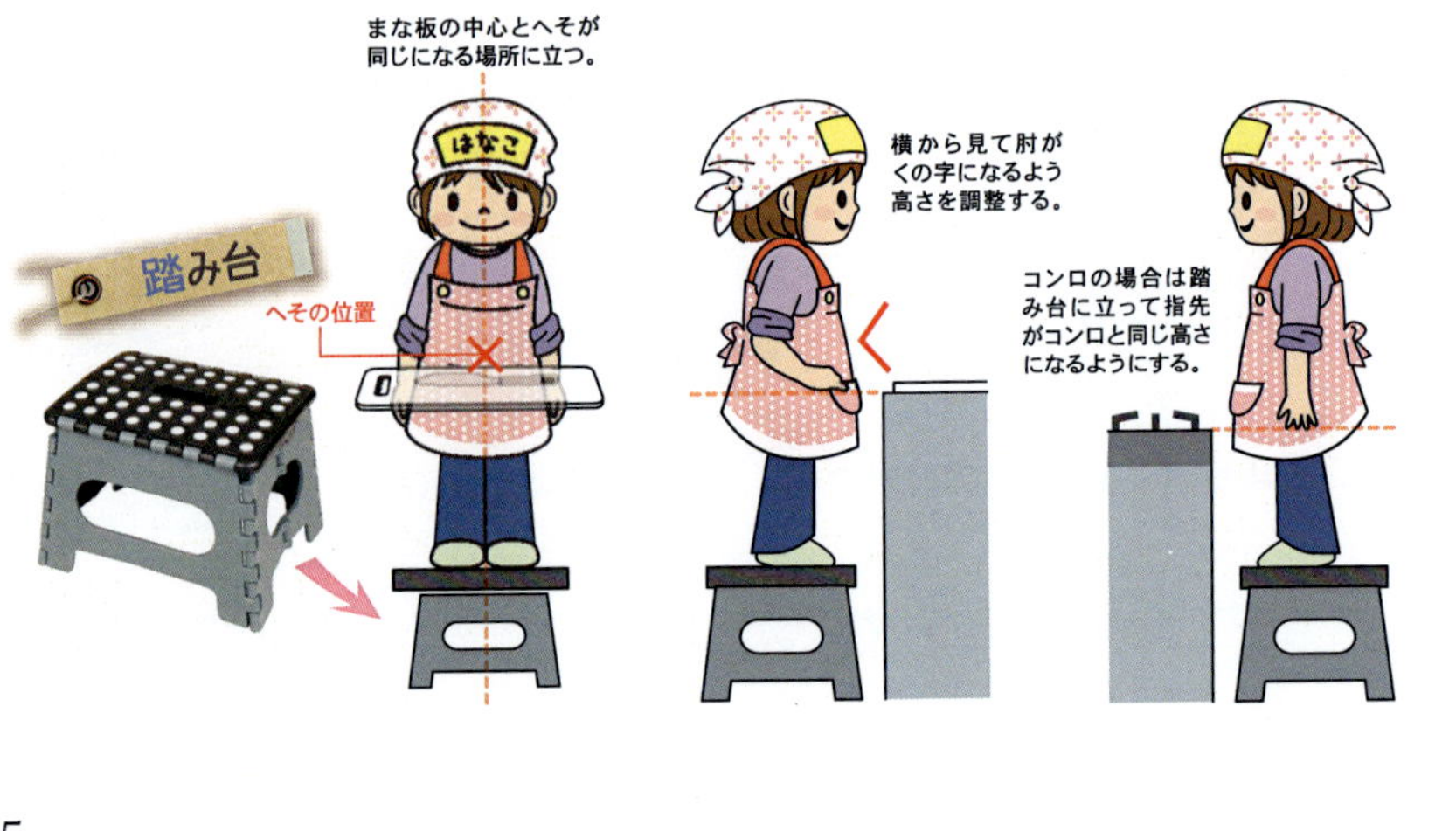
踏み台
へその位置
はなこ
まな板の中心とへそが同じになる場所に立つ。
横から見て肘がくの字になるよう高さを調整する。
コンロの場合は踏み台に立って指先がコンロと同じ高さになるようにする。

幼児期からの食育推進のためのパンフレット

海を活かした食育の推進～子どもの自主性を育む～

子どもシェフクラブ

～3歳児から生涯にわたる食育活動の資料～

はじめに

現在、食に関する環境の大きな変化により、子どもの孤食、朝食欠食、肥満、食物アレルギー等現代的な食の課題があり、子ども時代からの食生活の改善が喫緊であります。

また、「食を通じた子どもの健全育成」(厚生労働省)では、食育は乳幼児期からの正しい食事のとり方や望ましい食習慣の定着及び食を通じた人間性の形成・家族関係づくりによる心身の健全育成を図るため、発達段階に応じた食に関する取り組みを進めることが必要であると食育の重要性が述べられています。

そこで沖縄子ども食育研究会(森山研究室)では、食育と海洋の関連性から学校や家庭へ朝ごはんの摂取や食の重要性等を実践的に提案できる栄養教諭の育成を目指して、学生が企画し、運営を行う「3歳児子どもシェフクラブ」を3回開催しました。

食育の推進は、子どもの生活体験として発達段階に応じた指導内容と手立てが大切です。保育所における食育に関する指針では、3歳児からの食育で「自ら調理し‥」という指導内容が示されていることから生涯にわたる健康づくりのため「調理をする」のは、3歳児からスタートすることが望ましいと考えられます。

子どもの心身の健全育成を図る生活体験のため、食育では様々な調理技術(まぜる、まるめる、きる)等を楽しみながら体得できるような食品や料理、道具等を工夫する実践研究が必要であると思われます。

そこで子どもの生活体験を広げる食育推進のために、今回海に関する食品や沖縄の料理・おやつを教材としました。このパンフレットは、子どもシェフクラブでの実践が、保育園・幼稚園・小学校・中学校で活用され、3歳児からすべての子どもたちの自主性を育む活動の一助となることをねらいとして作成しました。

方法

(1)実施対象：沖縄県内の3歳児6名
(2)募集方法：大学のホームページで公募
(3)実施月日：第1回　平成24年6月16日(土)　10:00～13:00
第2回　平成24年7月14日(土)　10:00～13:00
第3回　平成24年8月11日(土)　10:00～13:00
(4)実施場所：琉球大学　教育学部　本館　306　給食管理実習室

実施内容

	分類	メニュー・ページ	生活体験内容	調理技術	手段・道具
第1回	汁物	カチューユ	かつお節に触れよう	まるめる	手
				ころがす	手
				まぜる	スプーン
	主食	しらすトースト	しらすに触れよう	まぜる	スプーン
				ぬる	スプーン
				やく	トースター
	おかず	フリフリサラダ	フリフリダンスでサラダを作ろう	あらう	手
				きる	包丁
				ふる	密閉容器
	おやつ	いちご大福	清明もちをいちご大福にしよう	きる	割り箸・包丁
				はさむ	手
第2回	主食	ころころおにぎり	あったかいご飯をにぎろう	にぎる	手
				ころがす	手
	おかず	魚のホイル焼き	ピーマンの赤ちゃん(種)を知ろう	あらう	手
				きる	包丁
				つつむ	アルミホイル
				やく	トースター
	おやつ	ひらやーちー	沖縄のおやつを作ろう	きる	はさみ
				まぜる	お箸
				やく	ホットプレート
				ひっくりかえす	フライ返し
	おやつ	ゆーぬく	沖縄のおやつを作ろう	まぜる	スプーン
第3回	主食	あさりのスパゲッティ	潮ふきあさりを観察しよう 「あさりさんこんにちは」	ゆでる	電子レンジ
				はさむ	トング
				まぜる	フォーク
	おかず	カラフルピクルス (ステップアップ調理)	調味料(酢・砂糖・塩)の味を知ろう	きる	包丁
				まぜる	密閉容器
	おかず	へちまのおかかまぶし	へちまのドゥー汁を見よう	きる	包丁
				やく	ホットプレート
				はさむ	トング
	おやつ	ナッツいも	芋の色の変化を楽しもう	むす	電子レンジ
				くだく	ビン
				まるめる	手

子どもシェフクラブの背景 ～子どもの食体験は人生の基盤～

近年、社会が豊かで便利になる中で、子どもたちの自然体験、社会体験、生活体験などの体験が減少しています。

この状況を踏まえ、子どもたちの健やかな成長にとって体験がいかに重要であるかを広く家庭や社会に伝え、身近な食育活動で体験活動を推進することが大切です。

NASH体験の風を起こそう（国立青少年教育振興機構）の調査によると、「自然体験・友だちと遊び・お手伝い・地域活動などの子どもの頃からの体験が豊富な人ほど、大人になってからのやる気や生きがい、モラルや人間関係能力などの資質・能力が高い傾向があります。また、そうした子どもの頃からの体験が豊富な人ほど、最終学歴が高く、現在の年収が高く、1ヶ月に読むほんの冊数も多くなる傾向がみられます。」と報告されております。

そこで、このパンフレットは子どもの生活体験を広げる食育推進のために、子どもの発達段階を考慮して様々な食体験ができるような内容としました。

子どもの頃の体験と「最終学歴」との関係

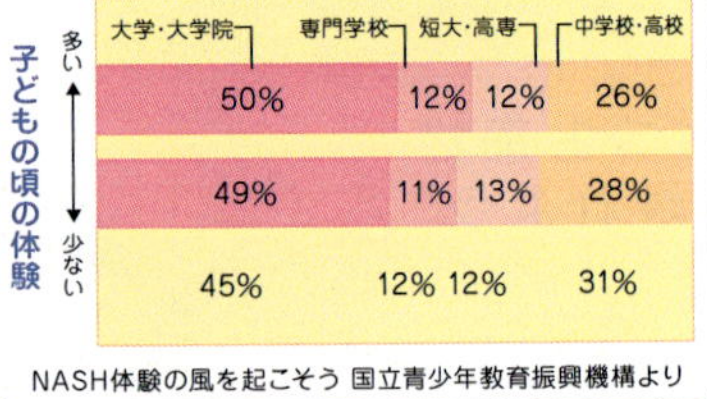

子どもの頃の体験
多い
少ない
大学・大学院
専門学校
短大・高専
中学校・高校
50%
12%
12%
26%
49%
11%
13%
28%
45%
12%
12%
31%

NASH体験の風を起こそう 国立青少年教育振興機構より

ここではクッキングを通して様々な体験をしてもらいました。

まるめる	遊び感覚で団子のようにころころ手で丸めます。
ころがす	遊び感覚でころころ転がします。
まぜる	おはし、スプーンで混ぜるなど対象にあわせた道具を使用します。
ぬる	スプーンを使ってペースト状のものを塗ります。
やく	フライパン、トースター、ホットプレートなどを使って焼きます。
きる	包丁、はさみ、おはしなど様々な道具を使った“切る”があります。
あらう	野菜や果物を手指をつかって食材の形を楽しみます。
ふる	楽しくダンスをしながらふりふりします。
はさむ	細かいものを道具を使って器用に挟めるようになります。
にぎる	食材に直接手で触れ、感触を楽しみながらギュッと握ります。
つつむ	指先を使ってアルミホイルで食材をギュッと包みます。
ひっくりかえす	フライ返しを使ってひっくり返します。
ゆでる	電子レンジを使って茹でます。
むす	電子レンジを使って蒸します。
くだく	ビニール袋に食材を入れ、ビンの底を使って砕きます。

きる

まぜる

にぎる

汁物 カチューユ

料理レシピ1

生活体験
かつお節に触れよう

使用道具

技術 まるめる ころがす まぜる

[1人分の材料]
- 味噌 小さじ2/3(4g)
- 花かつお ——— 少々
- かつお節 ——— 4g
- お湯 ——— 45g

[下準備]
①ポットに湯を沸かしておく。 ②密閉容器に花かつおを入れておく。

[作り方]
❶味噌を量り、手でまるめる。
❷花かつお入りの密閉容器に❶を入れてころがし、味噌だんごをつくる。
❸カップに❷の味噌とかつお節を入れてお湯を注ぎ混ぜる。
※熱いので、お湯の扱いに注意し、必要があれば大人が注いであげる。

❷

栄養価	エネルギー	たんぱく質	脂 質	炭水化物	食 塩
	22kcal	3.6g	0.3g	0.9g	0.5g

ステップアップ 調理

具だくさんカチューユ [海を活かした教育に関する実践研究リーフレット公募作品より]

[1人分の材料]
削りかつお6g/味噌10g/豆腐35g/レタス12g/わかめ1g(乾燥カット)

❶器に削りかつお・味噌・わかめを入れて、お湯を注ぎ入れ、しばらく置く。
❷豆腐、レタスは食べやすい大きさに切って耐熱容器にラップし、電子レンジ(600W)で2分加熱する。
❸❶に❷を加える。

子どもシェフクラブの工夫

「かつお節」ってどんなものかな?

かつおのイラストと本物のかつお節を準備して子どもたちに触れてもらいましょう。ころころ転がしたり丸めたりする作業は簡単で子どもたちが楽しみながら行うことができます。

花かつおの入った密閉容器で転がした味噌玉はそのまま冷蔵保存することもできるので便利です。

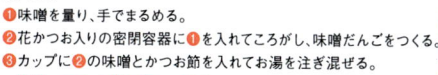

主食 しらすトースト

料理レシピ2

生活体験

しらすに触れよう

使用道具

技術 まぜる ぬる やく

[1人分の材料]

- 8枚切りの食パン—1/2枚
- スライスチーズ—1/2枚
- しらす———2g
- マヨネーズ—小さじ1(4g)

[作り方]

1. マヨネーズとしらすを混ぜる。
2. 食パンにぬる。
3. チーズをのせてトースターで焼く。

※焼き上がったトーストは熱いので注意。
必要がある場合は大人が取りだしてあげる。

栄養価	エネルギー	たんぱく質	脂質	炭水化物	食塩
	119kcal	4.7g	6.3g	10.7g	0.7g

ステップアップ 調理

しらすピザトースト

[1人分の材料]

食パン1/2枚/しらす2g/トマト10g/ピーマン5g/
スライスチーズ1/2枚

1. ピーマンとトマトをスライスする。
2. 食パンにしらす・ピーマン・トマトをのせる。
3. ②のうえにチーズをのせてトースターで焼く。

子どもシェフクラブの工夫

しらすを観察してみよう！

子どもたちに、しらすが小さくても魚であり生き物であることを分かってもらい、食べ物に興味を持ってもらう意図があります。

また食器や道具類は子どもが使いやすい形や大きさのものを選び、とがった形のものや割れる素材などは避けましょう。また料理が楽しくなるようなかわいい食器類を選ぶとよいでしょう。

おかず フリフリサラダ

料理レシピ3

生活体験
フリフリダンスでサラダを作ろう

使用道具

技術 あらう きる ふる

[1人分の材料]

- きゅうり ――――20g
- トマト ――――1個

ドレッシング

- 酢 ――小さじ1弱(3g)
- 砂糖 ―小さじ1弱(2g)
- 醤油 ―小さじ1/3(2g)
- 塩 ――――少々

[作り方]

1. きゅうりと調味料の分量を量る。
2. 野菜を洗う。
3. きゅうりを切る。
4. 密閉容器にきゅうりとトマト、調味料を全て加えてフリフリする。

※密閉容器の蓋がしっかりと閉まっているか確認

栄養価	エネルギー	たんぱく質	脂　質	炭水化物	食　塩
	17kcal	0.5g	0.0g	3.9g	0.4g

ステップアップ 調理

カラフルピクルス

[1人分の材料]
大根33g/赤ピーマン20g/きゅうり20g/干しシイタケ10g/おかか0.5g/砂糖大さじ2(18g)/酢大さじ2(30g)

1. 一口大に切った野菜と調味料を密閉　容器に入れて、電子レンジ(600W)で、1分30秒加熱し、おかかをまぶす。

子どもシェフクラブの工夫

音楽に合わせてフリフリダンス!!

密閉容器に入れてフリフリする際、音楽をかけることによって、子どもたちがダンスをしたりジャンプをしたりしながら、より楽しくフリフリすることができます。

おやつ いちご大福

料理レシピ4

生活体験

あんもち（清明もち）でいちご大福を作ろう

使用道具

技術 きる はさむ

［1人分の材料］

- あんもち（清明もち）—1/2個
- いちご————1個

［作り方］

1. いちごは洗ってヘタをとる。
2. あんもち（清明もち）をおはしで半分に切る。
3. いちごを包丁で切る。
   ※包丁を使うときはケガをしないように注意しましょう！
4. あんもち（清明もち）にいちごをはさむ。

2

栄養価	エネルギー	たんぱく質	脂　質	炭水化物	食　塩
	144kcal	3.0g	0.3g	32.5g	0.1g

ステップアップ調理

シーミー（清明祭）やお盆、お正月にはおもちが欠かせませんが、残ってしまいませんか？そんなときにオススメなのが、このいちご大福です。いちごを切って挟むだけで、おもちがいちご大福に大変身！同じおもちでも子どもたちは自分で作る体験をすることで喜んで食べてくれます。

いちごを挟むことであんこの甘さにいちごの甘酸っぱさがプラスされておいしさもアップします。もちに挟むフルーツはいちごの他にもキウイフルーツやグレープフルーツなど好きなフルーツを挟んでアレンジ大福をいろいろ試してみるのもいいですね。

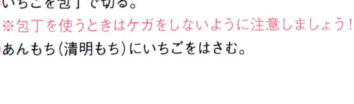

主食 ころころおにぎり

料理レシピ5

生活体験
あったかいご飯をにぎろう

使用道具

技術 にぎる ころがす

[1人分の材料]

- ご飯 ——— 40g
- 塩水 — 適量(2%程度)
- 花がつお ——— 50cc
- ごま ——— 適量

※花がつおとごまは合わせておく

[作り方]

❶ビニール袋にご飯を入れ、にぎる。
※ご飯は手でにぎれる程度に冷ましておきましょう。
❷塩水で手を濡らし、ご飯をにぎる。
❸かつお節とごまの中でころがす。

❷

栄養価	エネルギー	たんぱく質	脂　質	炭水化物	食　塩
	75kcal	1.6g	0.7g	15.0g	0.0g

ステップアップ 調理

2色おにぎり

[海を活かした教育に関する実践研究リーフレット公募作品より]

[2人分の材料]

a.ご飯茶碗1杯/白ごま9g/しらす15g/
わかめもどり後10g(水に戻し細かく切り水分を切る)
b.ご飯茶碗1杯/炒り卵1個分/焼き鮭1切れ/大葉3枚(千切り)

❶aを混ぜ合わせておく。
❷bの焼き鮭をほぐし、bの材料をご飯と混ぜ合わせる。
❸❶❷を好みの大きさににぎる。

子どもシェフクラブの工夫

ビニール袋を使っておにぎりを作ろう!

ごはんをビニール袋に入れて形を作ることで手にごはんがくっつかず、形も作りやすいので3歳児でもおにぎりを簡単に作ることができますよ。仕上げに密閉容器の中でおにぎりにおかかとごまを絡めてあげましょう。おかかとごまのベッドの上でコロコロと転がすように。遊び感覚なのでより子どもたちは楽しんで作ることができます。

おかず 魚のホイル焼き

料理レシピ6

生活体験

ピーマンの種を知ろう

使用道具

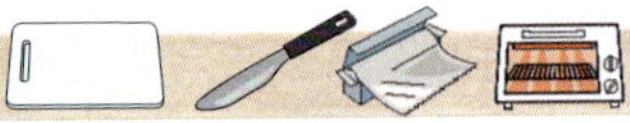

技術：あらう　きる　つつむ　やく

[1人分の材料]

- カジキ ―1切れ(43g)
- 赤ピーマン ―1/4個(9g)
- 緑ピーマン ―1/2個(18g)
- えのき ――5g
- しめじ ――10g
- 酒 ――小さじ1(5g)
- 塩 ―大人のひとつまみ(0.3g)
- レモン ――お好み

[下準備]

①野菜を洗う。 ②材料を1人分にわける。(ピーマンの種は残しておく)

③調味料を計量しておく。 ④アルミホイルを切る。

[作り方]

❶野菜を一口大に切る。 ※包丁の扱いに注意！

❷アルミホイルに魚を入れる。

❸魚に塩をふり、酒をふって切った野菜を入れる。

❹アルミホイルをギュっと閉じる。

❺トースターで13分焼く。※取り出す際にやけどに注意！

栄養価	エネルギー	たんぱく質	脂　質	炭水化物	食　塩
	72kcal	8.0g	2.8g	2.9g	0.4g

ステップアップ調理

時季によって旬の魚・野菜を選んでホイル焼きにしてみましょう。冷凍の魚よりも生の魚がおいしくいただけます。また、塩味だけではなく、しょうゆ、バターなどいろいろな味が可能です。いろいろなホイル焼きにチャレンジしてみてください。

子どもシェフクラブの工夫

アルミホイル

ホイル焼きでは、子どもがホイルをギュッととじやすいように深さのあるお皿にアルミホイルを敷いて行いました。グラタンなどのお皿を活用して試してみてくださいね。

ピーマンの種

3歳児クッキングでは、ピーマンの種のことを「ピーマンの赤ちゃんがつまっているね」と種のことを説明しました。野菜にも命があることを教えることができます。

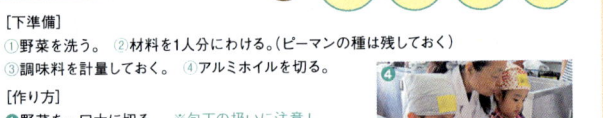

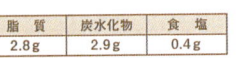

おやつ ひらやーちー

料理レシピ7

生活体験

沖縄のおやつを作ろう

使用道具

技術 きる まぜる やく ひっくりかえす

[1人分の材料]

- にら ——3g
- 小麦粉 –大さじ1(10g)
- 塩 ——0.3g
- 水 ——大さじ2(31g)

[下準備]

①ニラは洗っておく。
②生地をつくる。

[作り方]

❶調理ばさみでニラをカットして、生地に入れる。
❷ホットプレートで焼く。
※ホットプレートが高温になるので、やけどに注意！

栄養価	エネルギー	たんぱく質	脂　質	炭水化物	食　塩
	37kcal	0.9g	0.2g	7.7g	0.3g

ステップアップ調理

じゃこともずくのヒラヤーチー

[2人分の材料]

小麦粉1カップ/卵1個/じゃこ10g/生もずく20g/水1カップ/油適量

❶ボウルに卵を割り入れ、混ぜながら水を加えたら、ふるった小麦粉を加えて混ぜ、刻んだもずくとじゃこを加えてさらに混ぜる。
❷熱したフライパンに油をしき、❶を流し入れ焼く。
❸両面焼きあがったら食べやすい大きさに切る。

子どもシェフクラブの工夫

3歳児では、ニラを切りやすいようにはさみを使用しました。包丁で切りにくいニラも、はさみでは簡単に切ることができます。

調理用はさみでは重く感じる場合もあるので、工作用はさみを洗浄し、アルコールで消毒し使用することも可能なので、挑戦してみてください。

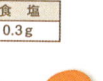

おやつ ゆーぬく

料理レシピ8

生活体験

沖縄のおやつを作ろう

使用道具

技術 まぜる

[1人分の材料]

- はったい粉 ―――10g
- 黒糖 ―――4g
- お湯 ―――50cc

[作り方]

❶はったい粉、黒糖をスプーンでとり、コップにうつす。

❷ポットからお湯を入れ、スプーンで混ぜる。

※お湯を使うときはやけどに注意しましょう！

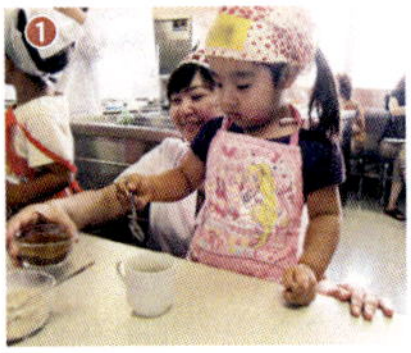

栄養価	エネルギー	たんぱく質	脂　質	炭水化物	食　塩
	57kcal	1.3g	0.5g	12.2g	0.0g

はったい粉ってなぁに？

もちむぎを粉状にしたもので、「麦こがし」といいますが、沖縄の方言では「ゆーぬく」と呼ばれています。子どもが気分が悪いといって食欲のないときや、おやつとして食べられていました。はったい粉は小麦粉と比べてミネラルやビタミン、食物繊維が豊富に含まれている栄養たっぷりの食品です。子どもたちには粉状のものがお湯を加えることでネバネバ状に変化(糊化)するところを体験してもらいました。お湯の量によって固さが変わるので、少しずつお湯を加えていくと固さの変化を楽しみながら作ることができます。

主食 あさりのスパゲッティ

料理レシピ9

生活体験

潮ふきあさりを観察しよう「あさりさんこんにちは」

使用道具 

技術 ゆでる はさむ まぜる

[1人分の材料]
- スパゲッティ――20g
- あさり――2個
- 玉ねぎ――3g
- ケチャップ―小さじ1/2(2g)
- 塩――2g
- パセリ――少々
- 粉チーズ――少々

[作り方]

❶あさりを塩水に入れて砂をはかせる。
❷玉ねぎを洗ってお好みの大きさで分量分切る。
❸スパゲッティを2つに折ってボウルに入れ適量の水を加え、電子レンジ(600W)で9分加熱。 ※1.5mmの場合
❹密閉容器に玉ねぎ、ケチャップ、塩を入れて混ぜ、あさりを加え、電子レンジ(600W)で1分30秒加熱。
❺あさりソースにスパゲッティをフォークで混ぜ合わせ、粉チーズとパセリをふりかける。

栄養価	エネルギー	たんぱく質	脂　質	炭水化物	食　塩
	91kcal	4.6g	0.6g	16.0g	1.2g

ステップアップ調理

今回は3歳児の発達段階を考えて食べやすいように、スパゲッティを2つに折り、密閉容器で茹でましたが、ステップアップ調理法として、お鍋でたっぷりのお湯で茹でてみよう!

あさりさんがこんにちは

あさりを塩水につけてしばらくすると、砂をはきます。子どもたちはその様子を見て「あさりさんがこんにちは～」と、はしゃいでいました。食の命について学べる良い機会になります。

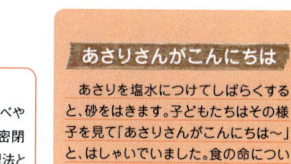

おかず へちまのおかかまぶし

料理レシピ10

生活体験

へちまのドゥー汁を見よう

使用道具

技術 きる やく はさむ

[1人分の材料]

- へちま ――――20g
- おかか ―――― 少々

たれ

- 水 ――大さじ1(15g)
- 味噌 ――小さじ1(6g)
- 砂糖 ――小さじ1(3g)

[作り方]

❶へちまを洗い、皮をむく。
❷厚さ1cm程度の輪切りにする。
❸重ならないようにホットプレートに並べて、加熱する。
※汁がでてくるのを観察。
❹トングでお皿に取り出す。
※ホットプレートに手が触れないようにする。
❺たれをかけ、おかかをまぶす。

栄養価	エネルギー	たんぱく質	脂　質	炭水化物	食　塩
	26kcal	1.0g	0.4g	5.0g	0.8g

ステップアップ 調理

ナーベーラーンブシー

[1人分の材料]

へちま1本/赤味噌適量/島豆腐100g/ポーク50g/かつおだし汁50cc/油大さじ1/削り節適量

❶ナーベーラー(へちま)は皮をむき、厚めの斜め切りにする。
❸ポークは厚さ5mm幅くらいの短冊に切る。島豆腐は適当な大きさに手でちぎる。赤味噌は、だしで溶いておく。
❹鍋に油を熱し、ポークを入れて脂が溶け出てきたらナーベーラーを入れて強火で炒め、しなやかになったところで豆腐と、だしで溶いた赤味噌、削り節を入れる。しばらく煮ているうちにナーベーラーからの汁が出て濃度がついたら出来上がり。

ドゥー汁

へちまの固い皮を剥いてじっくり加熱すると甘味のある液が出ます。これを「ドゥー汁」といいます。油をひかずフライパンで弱火で15分～20分加熱するだけでドゥー汁が出てきて、とろっと甘いへちまのおかかまぶしの完成です。へちまはうり科の中でもビタミンCの含有量が非常に多いのが特徴です。

アンケート結果

今回の3歳児からの子どもシェフクラブでは、各回ごとにアンケートを実施しました。

（1）子どもの変化について

「料理づくり」のカテゴリーの内容である食事づくりや準備に変化がみられた。全員が変化したのは、食事つくりへの関わりであった。食事つくりへのかかわりが参加前と比べて5人（83.3%）が「少し変わった」、1人（16.7%）が「とても変わった」と回答した。（図1）

図1. クラブ参加前と比べて、食事つくりにかかわるようになりましたか？（%）

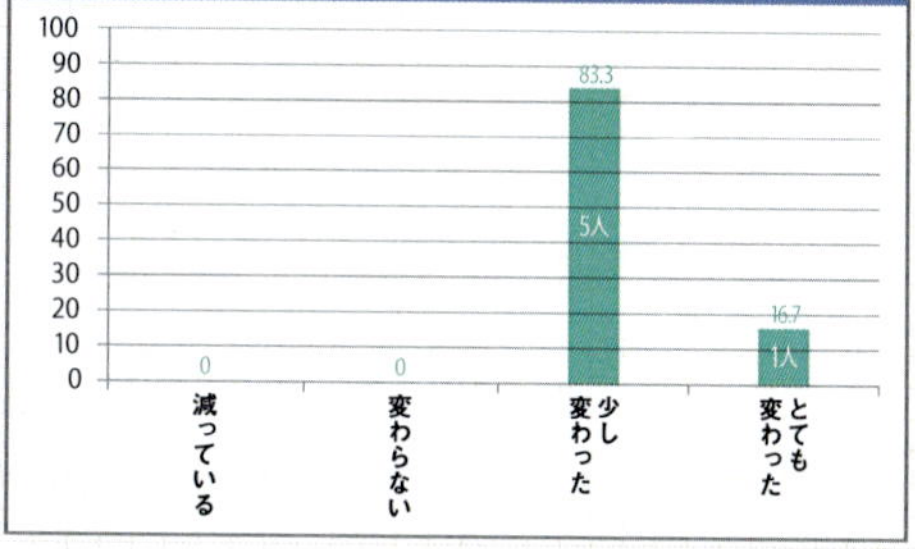

また、食事に準備への関わりについては、3人（50.0%）が「少し変わった」が2人（33.3%）「とても変わった」が1人（16.7%）が「変わらない」であった。「とても変わった」「少し変わった」と合わせると5人（89.4%）で関わりへの変化がみられた。（図2）

図2. クラブ参加前と比べて、食事の準備にかかわるようになりましたか？（%）

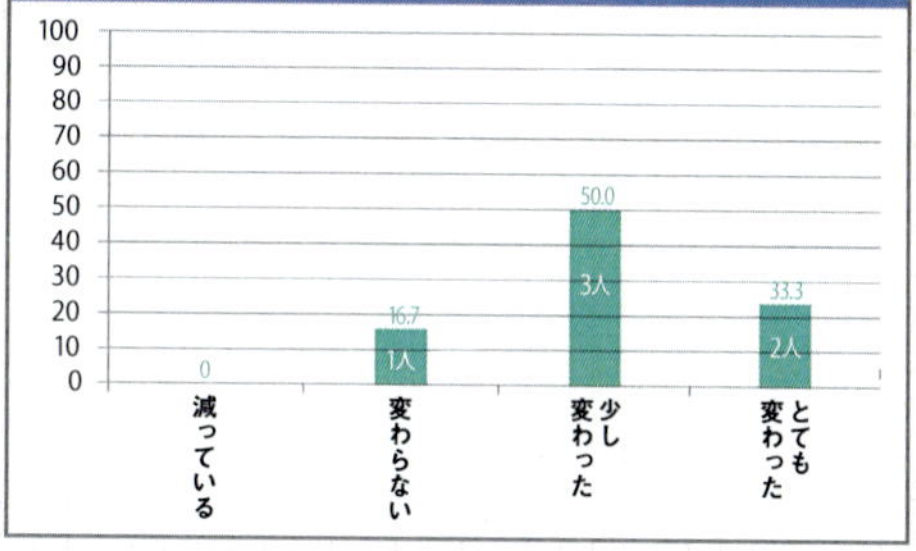

「人とのかかわり」のカテゴリーの内容である食べ物を話題にすることが「少し変わった」3人（50.0%）、とても変わった」1人（16.7%）で半数以上の4人（66.7%）が「変わった」と回答した。（図3）

図3. クラブ参加前と比べて、食べ物を話題にするようになりましたか？（%）

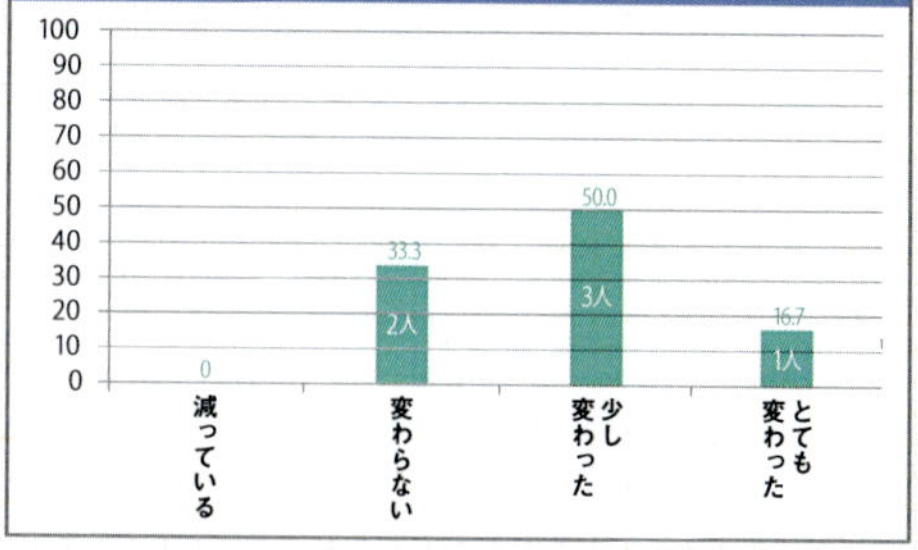

(2)実践内容の評価について ～実施メニュー～

メニューの内容については、5人(89.3%)がとてもよい。1人(16.7%)がよいと回答であった。全員から高い評価を得た。

クラブ後の家庭における実践メニューでは、「しらすトースト」が83.3%、「カチューユ」、「ころころおにぎり」、「魚のホイル焼き」が66.7%と高い実施率であった。(図4)

図4. 自宅で実践したものはどれですか？(第3回目のメニューは除く)(%)

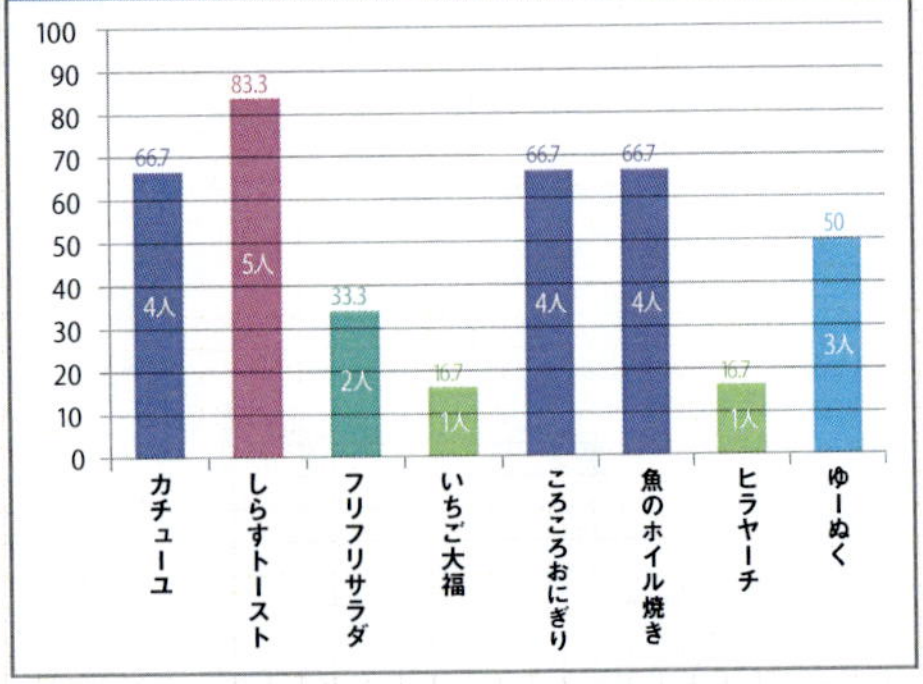

その理由は、「美味しかったので」が83.3%、「手軽さ」が50%であった。「子どもが喜んだので」が第2位で50%あった。(図5)

図5. どのような理由でメニューを自宅で実践しましたか？(%)

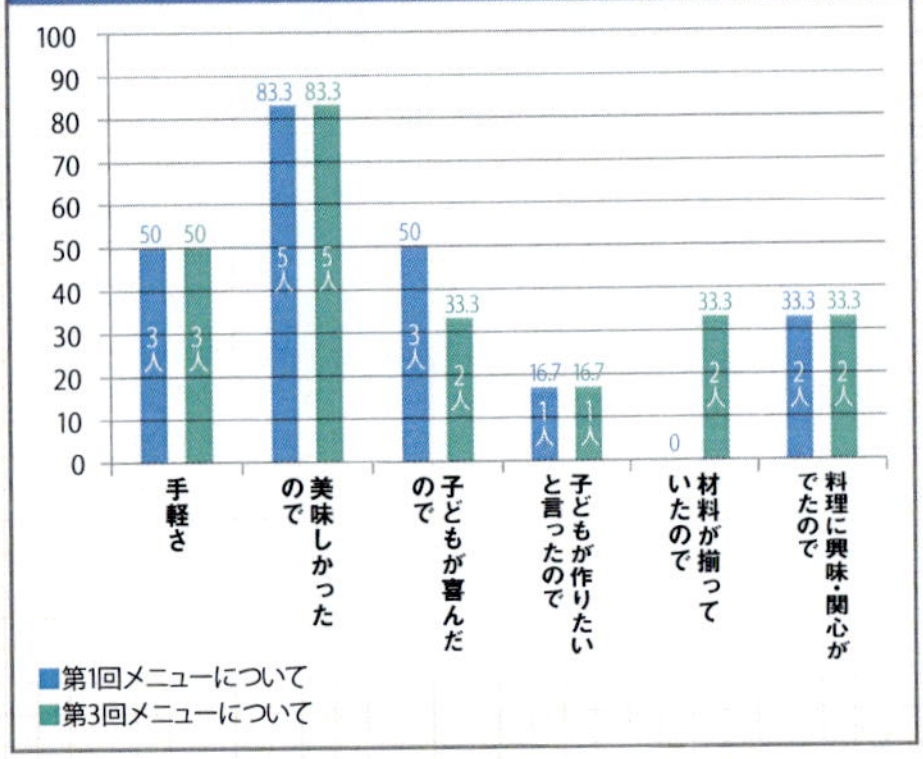

アンケートの自由記述部分でのコメントとしては以下のようなものがあった。

料理づくりへのかかわりに関するカテゴリー

●「包丁を使用する時に、包丁を置く向きや、切る際の猫の手をクッキングで教えてもらった通りに実践していました。お母さんが声をかけなくても、自分でしっかり思い出してやっていました。」

食文化との出会いに関わるカテゴリー

●「調理中に台所へ来て『これは何？』と食材や調理に興味をもちはじめました。実際にカチューユを作る時も自らすすんで味噌を丸めたりしていました。」

人とのかかわりで成長するカテゴリー

●「親自身がもっと一緒にやりたいと感じ、声を多くかけるようになったり、これなら一緒に出来る、任せられると思うことをやらせてみるようになった。」

食べることを通して成長するカテゴリー

●「包丁を危ないからと思わず、どんどんチャレンジさせて一緒に食育を楽しみたいと思った。」

●「これまで本人が好きでない食材は細かく切ったり目立たないようにして食べさせないとと思っていたが、あえて自分でお手伝いさせることで進んで食べてくれたりすることもあると知り、良かったです。」

シェフクラブを実施した学生スタッフが見た子どもたちの様子としては以下のとおりである。

遊ぶことに関するカテゴリー

- シェフクラブの時間は、約3時間で、毎回4〜5品作るので長時間になるが、子どもたちは、遊びの延長のように調理に集中し、終始楽しそうな姿が見られた。

自然とのかかわりのカテゴリー

- 調理に使う為の実際の生きているあさりを見せると泣いてしまった子どもがいたが、このことから子どもが生きているあさりにとても興味を示し愛着を持っていたこと、さらに「私たちが生き物を食べている」ということを感じてもらえたのではと思える出来事だった。
- 潮をふくあさりを観察して「あさりさんこんにちは」と話しかけている子どもがいた。

人とのかかわりのカテゴリー

- 実施メニューでは魚や歯ごたえのある野菜など、子どもが苦手そうなものも積極的に取り入れたが、自身が調理したということと楽しい食事の雰囲気が相まって、子どもたちが料理をよく食べていたという印象を受けた。

料理づくりへのかかわりのカテゴリー

- 調味料にいたるまでの実施メニューで使用する様々な食材をひとつひとつ子供たちに触れさせる等、五感を使って食材を体験する機会を設けたことで、子どもたちの興味関心がより深まったのではと感じた。
- 見て、嗅いで、音を聞いて、触って、味見していた。

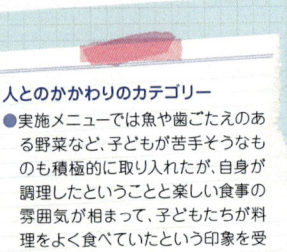

子どもシェフクラブ導入指導計画書

テーマ 海の食材と郷土の料理を知ろう

目　標 カチューユをつくろう

生活体験 まるめる・ころがす・まぜる

2012年6月16日（土曜日）

めあて	内　容	指導者
①お味噌だんごをつくろう	①味噌だんごを作る 作業1：味噌を手でまるめる。 作業2：花かつおの入った密閉容器で丸めた味噌をころがす。	①味噌の色や触感・におい等を実際に感じてもらい、子どもの遊びの延長でできる「まるめる」「ころがす」作業を楽しんでもらいたい。また、味噌が多くなりすぎないように注意する。
②かつお節を知ろう	②かつお節に触れる 作業3：丸めた味噌をカップに入れて、かつお節を加える。	②実際のかつお節を見せふれさせて、色や触感・におい等を感じてもらう。
③カチューユを完成させよう	③気をつけてお湯をそそぐ 作業4：お湯をそそぎ、スプーンで混ぜる。	③お湯を使用するため安全面に十分に気を付けながら、子どもに「まぜる」作業を楽しんでもらう。また保護者に、カチューユの手軽さを実感してもらう。 →カチューユの素材の味（かつおだしの味、味噌の味）をおいしく味わってもらう。

▲評価の視点

〈子どもの視点〉

- かつお節がどんなものかを感じることができたか
- 「まるめる」「ころがす」「まぜる」作業をすることができたか
- 料理を楽しむことができたか
- 自主的に調理作業を行うことができたか

〈指導者の視点〉

- 安全面に気を付けながら、作業・指導を行うことができたか

沖縄が生んだ究極簡単スープ（カチューユ）を朝ごはんに

沖縄では、濃厚なかつお節のうま味を上手に使って料理をしてきました。その結果、全国で最も塩分摂取量の少ない県となり、この低塩分が健康沖縄の長寿の秘訣の一つであるといわれてきました。また、沖縄で古くから家庭で飲まれているカチューユは、健康によいとされ、風邪をひいた時などに飲まれてきました。

子どもシェフクラブ導入指導計画書

テーマ　海の食材と郷土の料理を知ろう
目　標　おにぎりをにぎろう
生活体験　にぎる・ころがす

2012年7月14日(土曜日)

めあて	子ども	指導者
①おにぎりをにぎろうを転がす。	①ごはんをにぎる 作業1:ビニール(3斤)でごはんをにぎる。 作業2:塩水に浸した手でまるめる。	①温かいごはんの扱いに注意しながら、子どもに実際にごはんを手で「にぎる」作業をするとともに、触感やにおいや色を感じて調理を楽しんでもらう。
②おにぎりにトッピングしよう。	②おにぎりをころがす 作業3:おかかとゴマの上でころがす。	②子どもに、遊びの延長からくる「ころがす」作業をさせて調理を楽しんでもらう。 →前回のカチューユとはまた違ったかつお節の味と、簡単な活用法として紹介したい。 →ごはんの甘さ、シンプルな味付けのおいしさを感じて欲しい。

▲評価の視点

〈子どもの視点〉

- 「にぎる」「ころがす」作業ができたか
- 料理を楽しむことができたか
- 自主的に調理作業を行うことができたか

〈指導者の視点〉

- 安全面に気を付けながら、作業・指導を行うことができたか

かつお節ペプチド(アミノ酸)の効果

1. 全身の細胞を活性化させ、細胞内のDNAをつなぐ物質の原料となります。
2. 疲労回復効果が期待できます。(疲労物質、乳酸を分解する酵素を活性化)
3. 神経伝達がスムーズに行われ、集中力や思考力が高まります。

子どもシェフクラブ

～3歳児から生涯にわたる食育活動の資料～

本講座は、栄養教諭、管理栄養士、教諭、学生等の食育関係者が、子どもシェフクラブを企画運営するユニークな実践的な食育講座です。3歳児からの食育推進のモデルプラン作成のための検証企画でもあります。「ちゃんと食べてちゃんと生きる。」村上祥子ミニシェフクラブを参考に食育実践を行います。海に関する食材や沖縄の料理を3歳児にお伝えします。主に、電子レンジを活用した子どもシェフクラブです。保護者様もご一緒に、本講座にご参加をお願いしますが、クッキングをするのは、子どものみです。保護者は、出来上がりを試食します。

■受講対象：3歳児とその保護者　5組
■受 講 料：無料（ただし、材料費等が別途かかります）
■実施場所：琉球大学教育学部本館306教室（調理室）他
■担当講師：森山克子（琉球大学生涯健康教育コース講師）
森山尚子（琉球大学附属小学校栄養教諭）
稲垣夏子（北谷町立学校給食センター）
城間愛香（琉球大学附属病院管理栄養士）他

実施日	時　間	講座内容
6月16日（土）	10:00～13:00	調理実習 3歳児からの子どもシェフクラブ（第1回） アンケート実施 朝ごはんをつくろう 献立例 カチューユ、しらすトースト、フリフリサラダなど
7月14日（土）	10:00～13:00	調理実習 3歳児からの子どもシェフクラブ（第2回） 献立例 ころころおにぎり、ひらやーちーなど
8月11日（土）	10:00～13:00	調理実習 3歳児からの子どもシェフクラブ（第3回） 献立例 あさりのスパゲッティ、へちまのおかかまぶしなど

注意事項

献立は、変更する場合もあります。調理実習費用は、3回で3,000円です。エプロン、三角布（バンダナでも可）のご準備をお願いします。当日、レクリエーション保険に加入して下さるようお願いします。保護者の皆様は、調理には参加しませんのでエプロン等のご準備は必要ありません。

申込み・お問い合わせ先

琉球大学教育学部 生涯健康教育コース
沖縄子ども食育研究会（森山研究室）
代表：森山克子　TEL.098-895-8406

未来へいっぽにほ

琉球新報 寄稿エッセイ

（琉球新報２０１１年５月～９月）

２０１１年３月は東日本大震災が起きて価値観の変化がおきた年です。

自然とのつながり、人とつながり、ふるさとへの心を考えなおす原点回帰の年ではなかったでしょうか？子どもを健やかに育てるためには、学校、家庭、地域のつながりが大切ですが、特に、家族のつながりは、食を通してその絆を深くしています。人は、おいしい舌の記憶、台所の音の記憶、味噌汁の匂いの記憶と食卓を囲む思い出が、人を幸せにしてくれます。また、人生の辛い場面で、幼きときの食の思い出が、支えとなる場合もあるようです。

近年、偏った栄養摂取など子どもたちの食生活の乱れや肥満・痩身傾向などが見られ、子どもたちが食に関する正しい知識と望ましい食習慣を身につけることができるよう、学校や家庭で食育を推進することが喫緊の課題となっています。その背景には、家庭において、食卓を囲みながら子どもに、食べ方や昔ながらの知恵等を教える場面が少なくなったことが一因と思われます。人と人とが向き合うことが少なくなり、大人社会の大切なことを大切にしないことが、表面化してきたのかもしれません。

今、改めて家庭でのつながりを確認することが必要だと考えます。食卓での家族の会話やつながりが、子どもの夢を育てています。そのサポートをするために、学校給食では、いのちの大切や夢や希望やロマンを伝える食育活動をしてきました。その中で、海洋を活用した教材は、特に効果がありました。例えば、沖縄料理で昆布は、よく使われます。沖縄では取れませんが、豚肉との組み合わせは、長寿食の定番です。その昆布は、北海道から松前船の航路で、北海道→敦賀→下関→大阪→沖縄とへ運ばれてきました。これを昆布ロードと言います。昆布が、海の道を通ってはるか北海道から運ばれてきたことを学ぶことで、子どもたちは、南の小さな島から世界へつづく海の道を描くのです。

このように、海の産物をとうした食育で、子ども自身の命の大切さは無論、地球は、一つの村であり、ひとつの生命体であることや様々なつながりの中で生かされていることを伝える教育実践をしてきました。

このたび、海を活かした教材を通して眼前の存在する太平洋や東シナ海から世界へこどもの夢を育てたいと願い、給食献立に海の産物を取り入れた食育ゲームや朝ごはんリーフレットを作成しました。

家庭でのつながりの中で、愛情深く育まれた子どもが、沖縄で育ったことを誇りに、自分を信じて海外に羽ばたき地球に貢献できる人材になりますよう祈念します。

その研究活動の一環として家庭から子どもの心と体そして、夢を育むために、家族での食育の大切さをお伝えしたいと思い本冊子を発行します。

エッセイを掲載させて頂いた琉球新報社や「海を活かした実践研究」を支援して下さいました日本財団ならびに、学校給食関係者の皆様に感謝申し上げます。

苦味は、学習の味

未来へいっぽほに

夏本番、色とりどりの夏野菜が出回る頃になりました。この時期、給食では、野菜料理の残量が多く、全く食べない子どもがいました。そこで、私は、子どもに生活習慣病予防のために野菜についての授業をしましたが、一日必要量の350gとっている子どもは、ほとんど居ませんでした。

また、2009年森山研究室で「家庭や学校給食における食事調査」を連続3日間実施し、子どもの朝、給食、晩の食事内容を調査しましたが、調べた子どもは皆、野菜不足でした。

なぜ多くの子どもは、野菜が嫌いなのでしょうか?苦みのある食べ物は、有害なのものが多いので、苦み＝毒物＝危険の生体防御のシグナルがおこるからです。

ゴーヤー等、野菜の苦味の正体は、モモデルシンなどの抗酸化物質です。健康な体づくりのために、食べることが望まれますが、子どもは、食育体験が少ないので、無意識のうちに、苦みを危険と認識して安全のため避けてしまうのです。しかし、繰り返し食べさせることで、苦みが体得できるようになります。また、子どもの成長過程で親が、野菜を美味しそうに食べるのを見聞きする体験により子ども自身が食べるようになります。夏野菜の代表ゴーヤーの苦みは、胃腸を刺激し、食欲を増進させる効果があり、ビタミンCはみかんの2倍以上あります。しかも加熱してもほとんど壊れないので、夏場で食が細くなった時の栄養補給にお勧めの野菜です。

給食のゴーヤチャンプルーは、ゴーヤーに塩をして、さっと茹でてから炒め、仕上げに、鰹節や卵のうま味成分を加えて、苦みを和らげています。ちょっとした工夫で「給食のゴーヤー大好き!」と美味しそうに、食べる子どもも居ます。

「苦味は、学習の味」 琉球新報 2011年7月22日掲載

沖縄の伝統食と学校給食のつながり

ゴーヤーチャンプルーは栄養教諭が100年後まで伝承したい郷土料理でも上位に入っている。(平成23年度森山研究室調査より)

沖縄の伝統料理法

■学校給食のゴーヤーチャンプルー（1人分）

糸満学校給食センターによる給食

・もちきびごはん ・シカムドゥチ

・ゴーヤーチャンプルー ・牛乳

・くだもの

■1人分■
エネルギー/660kcal
分/2.9g

■ゴーヤーチャンプルー（4人分）

■1人分■
エネルギー/227kcal
分/2.6g

材料

・ゴーヤー…500g

・豚三枚肉…120g ・沖縄豆腐…400g

・溶き卵…2個 ・塩…小さじ1 1/2

・削りかつお…1/2カップ

・油…大さじ2 1/2

作り方

❶ゴーヤーは縦に2つ割りにし、スプーンで種を取り除き、うす切りにし軽く塩をして水気を切る。

❷豚三枚肉はゆでて短冊に切る。豆腐は手で大きくちぎり軽く塩をして水気を切る。

❸よく焼いたフライパンに油を熱し、豆腐を入れて焦げめがつくまで炒め、いったん取り出す。

❹③のフライパンをそのまま強火にかけて熱し、豚三枚肉を炒め油が出たらゴーヤーを加え炒め、塩で味付けをし、豆腐と削り節を加え混ぜる。

❺④に溶き卵を流し入れ、全体に混ぜ合わせ火を止める。

しっかり朝ごはん

未来へいっぽにほ

楽しかった夏休みもそろそろ終盤にさしかかり、子どもの生活のリズムを立て直す時期になりました。

学校が始まっても夏休みの生活リズムがぬけず、午前中は「ぼ〜っ」として、学習に集中できない子どもが増えてきます。朝ごはんを食べることで、胃腸が目覚めて排便が促され、気分がすっきりします。また体温が上がり、体が動きやすくなります。朝ごはんは一日を元気に送るための大切なウォーミングアップです。

さらに大事なことは、朝ごはんは脳に栄養を送っているということです。朝起きたときの脳は栄養不足です。朝ごはんで栄養を摂らないと、脳はよく働かないのです。朝ごはんを毎日食べている人は、食べない人よりも成績がよいという研究報告があります。

夏休み明けのある小学校の校門前での出来事です。子どもを送って来られたお母様の声が聞こえてきました。「夏休みと違い給食があるから、朝ごはんは少しでも給食は残さず食べてきなさ〜い」と笑顔で送り出していました。お母様の夏休みの3度の食事作りのご苦労が伺えますが、朝ごはんをしっかり食べないと子どもの脳は栄養不足の状態で登校することになります。

お昼に栄養バランスのとれた給食がありますが、頭を使う算数等の教科は午後より午前に多いのですから、学習に使う脳の栄養は、給食ではなくお母さんが作った朝ごはんが大切です。

子どもの本来の能力が発揮できるか否かは、朝食の有無やその内容にも関係があります。森山研究室で行った子どもの食事調査では、朝食に果物が足りないと課題も浮かび上がりました。

さあ、新学期へ向けて「しっかり朝ごはん!」を始めてみませんか。おにぎりやパンだけでなく、夏の疲れをとるブドウやフレッシュジュースもどうぞ!

「しっかり朝ごはん」 琉球新報 2011年8月19日掲載

子どもがつくるおめざめメニューより

県内小中学校より海産物をテーマとしたレシピを公募し、入選した8点から2点をご紹介します。簡単で栄養バランスもいい作品です。ぜひお試しください。

■二色おにぎり（2個）

■1人分■
エネルギー/370kcal
分/0.7g

材料

- a（ごはん…茶碗1杯分、白ごま…大さじ1、しらす…大さじ3、わかめ…大さじ1）
- b（ごはん…茶碗1杯分、卵…1個、焼鮭…1/2切れ、大葉1枚）

作り方

❶aのわかめは水で戻し、水をよくきったら適当な粗みじん切りにする。
❷bの鮭はほぐしておく。大葉は千切りにする。
❸それぞれの具をごはんに混ぜ合わせてにぎる。

■具だくさんカチューユ（汁椀1杯分）

■1人分■
エネルギー/103kcal
分/1.5g

材料

- かつお節…軽くひとつかみ ・味噌…大さじ2/3
- とうふ…2cm角4〜5個 ・レタス…1枚 ・乾燥カットわかめ…適量

作り方

❶少し大きめの汁椀に削り節、味噌、わかめを入れて湯を注ぎしばらく置く。
❷豆腐、レタスを食べやすい大きさに切って耐熱容器に入れラップをして電子レンジで2分加熱する。
❸①に②を加える。

朝食に果物やフレッシュジュースを！含まれる酵素やビタミン、食物繊維もどぞ！

食事はクスイムン

未来へいっぽに

私は県内で唯一栄養士を養成するコースの教員として学生を指導しています。卒業生は栄養士、管理栄養士、栄養教諭として病院、保育園、学校等で活躍していて、それぞれの環境の中で真摯に仕事に取り組む若人の姿に胸が熱くなります。その卒業生から話を聞くたびに「家庭での食育が」本当に大切だな～と思います。

沖縄では古くから食事をクスイムン（薬）とかヌチグスイ（命薬）といい、食べ物が人をつくる考え方が根付き、その考え方は、家庭の料理の中で生かされてきました。美味しいから食べるというより体によいから滋養があるから食べてきたのです。その食意識は、長寿の一因であり、島を愛する美意識でもあったと思いますが、食の洋風化やファーストフードの津波にのまれて影を潜めているようです。

私は、学校給食現場で勤めたことがありました。子どもは、野菜、郷土料理や手間をかけた料理を残す傾向があります。子どもは食べなれないものは、残す傾向があるので、家庭で手間をかけた料理を出すことが少なくなったのかもしれません。しかし、繰り返し出すと子どもはその美味しさを分かるようになることも分かってきました。

北谷センターに勤務していた時、北谷で初めて「レバーの南蛮漬け」を出しました。生レバーを調理場で扱うのは、衛生的にもとても厳しい面があります。薄く切った豚レバーをカリカリに揚げて南蛮だれに漬ける美味しい料理です。

調理場に頑張っていただきましたが、結果はものすごい残量でした。ところが３年も続けると子どもからお手紙でリクエストされるメニューになりました。今や北谷の定番メニューだそうです。

皆様もあきらめないで続けてみませんか?自分が与えたもので子どもがつくられます。

食事はクスイムン(薬)！

「食事はクスイムン」 琉球新報 2011年5月27日掲載

北谷町立学校給食センターのメニューより

レバーの南蛮漬け

■レバーの南蛮漬け（4人分）

■1人分■
エネルギー/106kcal
分97g

材料

・豚レバー…160g ・油…大さじ1 ・長ねぎ…16g ・きゅうり…80g
・a（小麦粉…小さじ1、片栗粉…小さじ1）
・b（しょう油…大さじ1、三温糖…大さじ1、酢…大さじ1/2～1
一味唐辛子…少々、鰹だし…おおさじ1）

作り方

❶新鮮なレバーを用意して冷凍庫に半凍結させ、それを5～7mmにスライスして血抜きをし水気を切る。
❷aを合わせておく。
❸bの調味料を合わせて南蛮タレを作る。
❹長ねぎときゅうりを5㎝のせん切りにし、③のタレにからめておく。
❺①のレバーに②をまぶし、170℃の油でカリカリになるまで揚げる。
❻③のタレに揚げたてのレバーをからめる。

未来へいっぽほに

感謝の心 食事から

食育の目標の一つに感謝の心があります。感謝の心を育てるには、「人は、縦と横のつながりの中で生かされている。」ことを子どもに食をとおして、教えることが大切です。

縦のつながりとは、先祖から続く命のことで、横のつながりとは、今、学校や地域など関わっている人のことです。子どもにとっては、家庭が縦のつながりと横のつながりの交差する源です。子どもの感謝の心を育むため、日々の食事から意識して、二つのつながりの中で生かされていることを伝えたいものです。

「クスイムン」（薬）である伝統食を子どもと食べながら祖父母の知恵や伝えを話題にして感謝することが、家庭における食育の一つといえましょう。

多忙なお母様方は市販の加工品を活用する工夫で食育ができます。例えばレトルトのイカスミ汁を購入して家庭で残り物のご飯を加えれば免疫力アップのクリジューシー（イカスミご飯）になります。

私は、学校給食現場で食育をしてきましたが、子どもが「命のつながりの中で生かされているということ」を認め、感謝の心を育てるのに、伝統食が適切な教材だと実感しています。

子どもに、「自分の命は、両親、祖父母、曽祖父母…と途切れなく続いたいのちの結果」であり、今自分があるのは、医食同源である昔からの食事のお陰であることを授業で教えていました。

ご先祖さまからの健康を願い食べ継がれてきた伝統食を学ぶことで、子どもなりに命のつながりの中で生かされている感謝の心を育むことができます。

学校では、「給食ができるまで」という教材で横のつながりも教えて感謝の心を育てています。家庭では、食卓の会話から縦と横の命のつながりを子どもに伝えてみませんか？

「感謝の心 食事から」 琉球新報 2011年6月24日掲載

イカスミメニュー

■イカスミ汁（4人分）

■1人分■
エネルギー/178kcal
分/2.8g
イカスミ汁

材料

- 白いか（アオリイカ）…400g
- 豚肉（グーヤヌジー）…160g
- 塩…小さじ2　・にが菜…160g
- イカスミ…大さじ2　・鰹だし…8カップ

作り方

❶白いかは洗って、5cm長さの2cm幅に切る。
❷豚肉は薄切りにする。にが菜は洗って食べやすい大きさに切る。
❸鍋にだし汁といか、豚肉を入れ、いかがやわらかくなるまで約1時間煮る。全体を3/4とし、不足はだし汁をたす。
❹イカスミと塩、みそで味を調え最後ににが菜を加え仕上げる。

アレンジ②
■イカスミパスタ（2人分）

材料

- パスタ…200g　・イカスミ汁…カップ2
- とまと…少々（角切り）　・とうみょう…適量

作り方

❶パスタはたっぷりの湯でゆでておく。
❷トマト、とうみょうは細かく切っておく。
❸①が茹であがったら水気を切って、フライパンでイカスミ汁と すばやくからめる。器に盛って②をトッピングする

■1人分■
エネルギー/513kcal
分/3.6g
イカスミ パスタ

アレンジ①
■クリジューシー（イカスミジューシー）（2人分）

■1人分■
エネルギー/415kcal
分/2.1g
クリジューシー

材料

- ごはん…ご飯碗2杯分　・イカスミ汁…カップ2
- とろけるチーズ…適量　・島ねぎ…適量

作り方

❶鍋にイカスミ汁とごはんを入れ煮込む。
❷イカスミ汁とごはんがなじんだら器に盛り、チーズとねぎをかける。

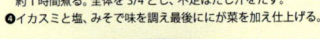

未来へいっぽに

幸せな舌の記憶を

舌が覚えている記憶があります。人は、その記憶がよみがえる瞬間、幸せに包まれるようです。子どもの場合、それはご家庭では、誕生日やお祝に食べた記念日食で、学校では、行事食が、舌に記憶される場合が多いようです。

このことを公開講座で講義した時、受講生から「小学校２年生の時、おじいちゃんが、ファーストフード店でお友達とお誕生日をしてくれたことがうれしかった。それからその商品（ハンバーグ）を食べると当時の様子を思い出す時がよくありました。その理由がよくわかりました。」と話してくれました。記念日に食べた食事が、その後の本人に影響を与え続けていることが理解できるエピソードではないでしょうか。人は、楽しい感情と共に味の記憶が深く刻みこまれるようです。ファーストフード店の誕生会も悪くはないと思います。

しかし、今の子どもの健康を考えるともっと豆類、野菜等を和食で舌に記憶させることが必要だと思います。記念日にこそ、ピザなどの洋食ではなく、和食等でお祝いをすることをおすすめします。

また、沖縄の子どもの記念日食で誕生日以外に重要なのが、「十三祝」です。これは、沖縄独自の祝いですからぜひ家庭で祝い、地域では、学校行事として子どもの成長をお祝いしたいものです。学校で、「十三祝」をＰＴＡが一品持ちよりのお祝い会とし、ふるさとの心を育む食育活動としてはいかがでしょうか？

舌が記憶する時代の記念食にお赤飯やクーブイリチ等の和食や琉球料理を食べた経験を積み重ねることが健康につながります。親の与えたものが、子どもをつくります。ふるさとの知恵や心を大切に、

「幸せな舌の記憶を」 琉球新報 2011年9月16日掲載

沖縄の伝統食と学校給食のつながり

沖縄の伝統料理法

クーブイリチーも栄養教諭が100年後まで伝承したい郷土料理で上位に入っている。（平成23年度森山研究室調査より）

■学校給食のクーブイリチー（1人分）

名護給食センターによる給食ニュー

- 赤飯ー　・ソーキ汁
- クーブイリチー　・芋でんがく
- だいこんの酢の物
- 牛乳

■1人分■
エネルギー/672kcal
分/2.5g

■クーブイリチー（4人分）

材料

- 刻み昆布…3g　・豚三枚肉…120g
- かまぼこ…40g
- イナムドゥチ用こんにゃく…80g
- 油…大さじ1 1/2+1
- しょうゆ…大さじ3
- 塩…少々　・鰹だし汁…150cc
- 料理酒、砂糖、みりん…各大さじ1

■1人分■
エネルギー/235kcal
分/3.9g

作り方

❶刻み昆布は水にもどす。豚三枚肉は茹でて短冊に切る。
こんにゃくはあく抜きをする。かまぼこは短冊にきる。
❷鍋に油を熱し、しょうゆを入れてジュッと音をたてて焼き、酒、砂糖を入れて煮立て、豚三枚肉とこんにゃくを入れ、味を浸透させたら取り出しておく。
❸残った煮汁に油を大さじ1を加えて昆布を入れ混ぜ、だしを数回に分けて入れ、みりんを加え、昆布が柔かくなるまでゆっくり煮込む。
❹途中で②の肉とこんにゃくを加えて更に煮込み、最後にかまぼこを入れて塩で味を調える。

② 義務教育の食育

①「学校給食から郷土料理を（リメイク郷土料理）」

小学校・中学校・定時制高等学校における学校給食で提供されている郷土料理。その中でも年間を通じて入手しやすい海の食材（クーブ（昆布）・きびなごなど）を中心に、沖縄野菜（ゴーヤー・パパイア）や、特産品であるターンム（田芋）の伝承されてきたレシピや、そしてまたそれらを使った学校給食のメニューで郷土料理を紹介しています。

さらにリメイクして朝ごはんに変身させる提案も紹介します。

海洋県沖縄で、海の幸に恵まれながら育つ児童にとって、先人たちがその食材をどのようにして食べてきたのか、それをきちんと知るひとつの方法が学校給食です。おばあさんと同居している家庭も少なくなり、若い母親たちの中には郷土（沖縄）料理を得意としない人も増えてきたため、郷土料理も家庭で食卓に上がる頻度および伝承料理として従来の調理法で作られる回数も少なくなってきています。

しかしながら、その土地で育まれてきた郷土料理は、その土地で育つ人間のアイデンティティを形成する大切なものです。それゆえ、そのような料理が出る学校給食を活用することは、家庭や地域の食文化の伝承にもとても有効だと考えます。

また、学校給食を教材として学ぶ食育の一例を紹介すると、次のような問答を取り入れることもできます。

問①なぜ、学校給食があるのか？
問②好き嫌いをなくす方法は？
問③栄養教諭という仕事について
などなど。

①なぜ、学校給食があるのかといえば、学校給食には、食事の重要性、心身の健康、食品を選択する能力、感謝の心、社会性、食文化を知るといった6つの項目について学ぶことのできる大切な食育指導の場になっているからで、単なる弁当の代わりではありません。また直接的には、午後の活動を維持するために必要なものだともいえます。

②好き嫌いは多くの人があるかと思いますが、そもそもそれは、味や食事の経験の差によって起こるものと考えられています。でも、苦手なものが少ない方が食事の時間がより楽しくなるはずです。そこで、いくつかその克服方法をご提案すると、まずは一口チャレンジ！その後、友達や家族と楽しんで食べてみたり、自分で野菜を育てたり料理してみます。その他にはおなかをすかせてから食べる…。チャレンジしてみてください。

③　中には栄養教諭という仕事について興味を持ち、将来の目標とする子どもも出てきます。毎日食べる給食をおいしく！そして、皆さんが成長できるように考えた《生きた教材となる献立》を作る食の専門家であることを伝えます。

後列左から

宜野湾市立大山学校給食センター
（大山小学校）
栄養教諭　儀保　君枝

国立大学法人
琉球大学教育学部
講師　森山　克子

前列左から

名護市立名護学校給食センター
（名護小学校）
栄養教諭　照屋　誠子

国立大学法人
琉球大学教育学部附属小学校
栄養教諭　森山　尚子

糸満市立糸満学校給食センター
（高嶺小学校）
栄養教諭　宜保　律子

リメイクレシピ・料理製作
フードコーディネーター　大城 あさ深

※協力者の勤務先は研究当時です。

学校給食から郷土料理を推進するのためのリーフレット

昔ながらの冬至《トゥンジー》ジューシー

① 伝統

器提供：眞正陶房
レシピ提供者：宜野湾市大山　儀間ヨシ子

【材料】4人分

米…………　3カップ
茹三枚肉……100g
タームジ（ずいき）400g
豚だし汁…　5カップ
しょうゆ …　大さじ2
みそ………　大さじ2

【作り方】

❶米は洗って、水気を切る。
❷タームジは、根元から葉先へ向けてうす皮をむき、3cmぐらいの長さに切って水からゆでる。小芋はべつに切り分けて、ゆでておく。
❸茹三枚肉は、1cm位のうす切りにする。
❹鍋に油をひいて、三枚肉と小芋を炒める。
❺鍋にだし汁とタームジを入れて、米を入れてしょうゆ、みそを入れて炊く。
❻炊き上がったジューシーに❹の三枚肉と小芋を入れて、蒸らす。

エネルギー／594kcal
塩分／2.4g

学校給食レシピ

大山小学校

★牛乳
★冬至ジューシー（1人分）

精白米	60g
田芋（煮たもの）	20g
豚三枚肉	10g
かまぼこ	8g
にんじん	10g
ねぎ	5g
しいたけ	1g
しょうゆ	3g(小さじ½)
油	3g(小さじ¾)
塩	0.8g(小さじ1弱)
花かつお	3g
豚骨	15g

★厚揚げとからしな炒め
★きびなごの南蛮漬
★くだもの

エネルギー／666kcal
塩分／2.3g

【作り方】
❶田芋は1.5cmくらいの角切りにする。
❷鍋に油を熱し、豚三枚肉、にんじん、しいたけを炒める。
❸だし汁、調味料を入れて煮立て、米、かまぼこを入れて炊く。
❹田芋を入れて蒸らす。
❺ねぎを入れて蒸らす。

②学校給食

③応用

郷土料理リメイク（アレンジ）レシピ

冬至《トゥンジー》ジューシーの焼きおにぎりスープ茶漬け

【材料】1人分
冬至ージューシー茶腕1杯
スープ（市販）
お湯
油少々

大山小学校
（宜野湾市立
大山学校給食センター）
栄養教諭
儀保　君枝

ジューシーおにぎりは、よく食べるけど…。もうひと工夫!焼きおにぎりにしてスープをかけるとさらにおいしく栄養UP!

【作り方】
❶ジューシーをおにぎりにして、熱したフライパンに油を敷き、弱火で両面色よく焼く。
❷焼いたおにぎりを器に盛り、スープを注ぎ入れる。

★もっと美味しくなるポイント
トッピングで、冷凍のチキンから揚げや、茹でたソーセージを一緒にいれても美味しくいただけます。

※①②③の三段活用で栄養満点!昨夜の夕食の残りもリメイク（アレンジ）レシピで楽しくいただきましょう。

昔ながらの クーブイリチー

①伝統

器提供：眞正陶房

【材料】4人分

刻み昆布……………55g
豚三枚肉………… 120g
イナムドゥチコンニャク…80g
かまぼこ…………… 40g
油………… 大さじ1½ +1
しょうゆ ……… 大さじ3
料理酒 ………… 大さじ1
砂糖 …………… 大さじ1
みりん ………… 大さじ1
塩 ………………… 少々
だし………………150cc

エネルギー／235kcal
塩分／3.9g

【作り方】

❶刻み昆布は水にもどす。
❷豚三枚肉は茹でて短冊に切る。
❸こんにゃくは茹でる。
❹カマボコは短冊に切る。
❺鍋に分量の油を熱し、しょうゆを入れてジュッと音をたてて焼き、酒、砂糖を入れて煮立て、豚三枚肉とこんにゃくを入れ、味を浸透させたら取り出しておく。
❻残った煮汁に油を大さじ1杯加えて昆布を入れ混ぜ、だしを数回に分けて入れ、みりんを加え、昆布が柔らかくなるまでゆっくり煮込む。
❼途中でいったん取り出した三枚肉とこんにゃくを加えて更に煮込み、かまぼこを入れて最後に塩で味を整える。

学校給食レシピ

名護給食センター

★牛乳
★赤飯
★クーブイリチー（1人分）

刻み昆布………………… 3g
切り干し大根…………… 2g
にんじん………………… 5g
ツナ（缶）……………… 6g
からし菜…………………10g
Ⓐ 塩…………… 0.15g（少々）
Ⓐ しょうゆ…… 2g（小さじ ⅓ ）
Ⓐ みりん……… 1g（小さじ ⅙ ）
油………1.5g（小さじ ½ 弱）
だし汁…… 4g（小さじ1弱）

★ソーキ汁
★芋でんがく
★だいこんの酢の物

エネルギー／672kcal
塩分／2.5g

【作り方】

❶刻み昆布、切り干し大根は水にもどす。
❷にんじん、からしなはせん切り。
❸鍋に油を熱し、昆布、切り干し大根を炒めⒶとだし汁を加えて、いり煮にする。
❹からしな、ツナを加え、ひと煮たちさせる。

② 学校給食

③ 応用

郷土料理リメイク（アレンジ）レシピ

クーブイリチーのオープンオムライス

【材料】1人分
クーブイリチー適量
ご飯茶わん1杯
卵1個
油少々
ケチャップお好みで

名護小学校
（名護市立
名護学校給食センター）
栄養教諭
照屋　誠子

いそがしい朝も、まぜるだけであっという間に子どもの好きなオムライスに早がわり。

【作り方】

❶ 耐熱容器にご飯、荒く刻んだクーブイリチーを入れて混ぜ合わせラップをしてレンジで温める。
❷ 熱したフライパンに油を敷き、溶き卵を流し入れ焼き、器に焼き上がった卵焼きをのせ、ご飯をはさみ、好みでケチャップをかける。

★もっと美味しくなるポイント
マヨネーズに少量のしょうゆを混ぜ合わせたソースをのせても美味しくいただけます。

※①②③の三段活用で栄養満点!子どもに郷土料理を楽しみながら伝えましょう。

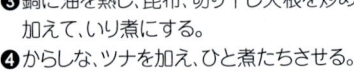

昔ながらのゴーヤーチャンプルー

① 伝統

器提供:眞正陶房

【材料】4人分

ゴーヤー……… 500g
豚三枚肉………120g
豆腐…………… 400g
卵……………… 2個
塩……… 小さじ1 ½
削りかつお…… ½ カップ
油……… 大さじ2 ½

エネルギー／227kcal
塩分／2.6g

【作り方】

❶ゴーヤーは縦に2つ割にし、スプーンで中の種を取り除き、うす切りにし、軽く塩をし、水気を切る。
❷豚三枚肉はゆでて、短冊に切る。
❸豆腐は大きく手でちぎり、軽く塩をして水気を切る。
❹よく焼いた鍋に油を熱し、豆腐を入れて焦げめのつくまで炒め取り出す。
❺❹の鍋をそのまま強火にかけて熱し、豚三枚肉を炒め、次にゴーヤーを炒めて塩を入れ、豆腐と削りかつおを加える。
❻❺に溶き卵を流し入れ、全体に混ぜ合わせて火を止める。

学校給食レシピ

糸満学校給食センター

★牛乳
★もちきびごはん
★ゴーヤーチャンプルー（1人分）

ゴーヤー…………… 30g
（塩もみの塩　少々）
にんじん…………… 10g
もやし……………… 20g
沖縄豆腐…………… 40g
ポーク（缶）………… 20g
ツナ（缶）…………… 8g
卵…………………… 10g
油…………3g（小さじ¾）
しょうゆ … 1g（小さじ⅙）
塩…………………（少々）

★シカムドゥチ
★くだもの

エネルギー／660kcal
塩分／2.9g

【作り方】

❶にがうりはうすく切り、塩をふり、水気を切る。

❷鍋に油を熱し、強火でにんじん、ゴーヤー、豆腐、ポーク、ツナを炒める。

❸調味料を加えて味を整え、最後に卵でとじる。

郷土料理リメイク（アレンジ）レシピ

ゴーヤースクランブルサンド

【材料】1人分
ゴーヤーチャンプルー適量
パン（お好みのパン）卵1個
こしょう少々
ケチャップ適量　　油適量

高嶺小学校
（糸満学校給食センター）
栄養教諭
宜保　律子

沖縄の家庭料理の定番ゴーヤーチャンプルも、好きなパンにはさむと、ひと味ちがったおいしさです。ケチャップ味で苦みも、まろやかに!

【作り方】

❶溶き卵にゴーヤーチャンプルーを加え軽くこしょうをふり入れてよく混ぜ合わせる。

❷熱したフライパンに油を敷き、❶を流し入れ軽く混ぜながら形を整え、軽くトーストしたパンにはさみ、ケチャップをかける。

★もっと美味しくなるポイント
卵に牛乳を混ぜ、焼く際にマヨネーズを油代わりに利用しても美味しくいただけます。

※①②③の三段活用で栄養満点！子どもに郷土料理を楽しみながら伝えましょう。

昔ながらのパパヤーイリチー

① 伝統

【材料】4人分

パパイア………… 400g
豚三枚肉…………100g
油……………… 大さじ4
豚だし…… 1~1½カップ
塩………………小さじ1
しょうゆ……… 小さじ1

【作り方】

❶ パパイヤは皮をむいてシリシリにして水にさらし、あく抜きをして水気を切る。
❷ 豚三枚肉は丸ごと茹でて短冊に切る。
❸ 鍋に油を熱し、三枚肉を入れて脂がとけたらパパイアを加えて炒める。
❹ ❸にだし汁を加え、塩と醤油を入れて味を整える。

※シリシリとは、あらめの千切り。

エネルギー／248kcal
塩分／1.6g

学校給食レシピ

★牛乳
★麦ごはん
★パパヤーイリチー（1人分）

千切パパイア……… 60g
小松菜……………… 15g
にんじん…………… 10g
ツナ（缶）……………10g
塩……………0.5g（少々）
しょうゆ… 1g（小さじ⅙）
油………… 1g（小さじ¼）

★いも天ぷら
★冬瓜とアーサのすまし汁
★くだもの

エネルギー／651kcal
塩分／2.1g

【作り方】
❶小松菜はボイルしておく。
❷鍋に油を熱し、にんじん、パパイア、を炒める。
❸にんじん、パパイヤを炒め、しなやかになってきたら小松菜、ツナを入れ調味料を加えて味を調える。

②学校給食

③応用

郷土料理リメイク（アレンジ）レシピ

パパヤーイリチーのヒラヤチー

【材料】2枚分
パパヤーイリチー適量
小麦粉カップ1、卵1個
水カップ1、油適量
Ⓐ（ツナ缶）¼ ねぎ
紅ショウガ好みで）

【作り方】
❶ボウルに卵を割り入れ、混ぜながら水を加えたら、ふるった小麦粉を加えて混ぜ合わせパパヤーイリチー、Ⓐを加えてさらに混ぜる。
❷熱したフライパンに油を敷き、❶を流し入れ焼く。
❸両面焼き上がったら食べやすい大きさに切り、好みでウスターソースを添える。

国立大学法人
琉球大学教育学部
附属小学校
栄養教諭
森山　尚子

残ったパパヤーイリチーも、ヒラヤチーにすることで手軽に朝食に変身。お好み焼ソースや、韓国風たれで味付に変化がつき、おやつにもぴったり。

★もっと美味しくなるポイント
食べる際に海苔で巻いて、油味噌をトッピングすると、更に美味しくいただけます。

※①②③の三段活用で栄養満点！昨夜の夕食の残りもリメイク（アレンジ）レシピで楽しくいただきましょう。

❷ 義務教育の食育

②「学校給食からの弁当づくり」

給食は、成長期の子どもたちの一食を提供する大事な役割があります。主食・主菜・副菜がバランスよく組み合わされているので、お弁当を作る上で何を入れたらよいのか、この給食のバランスはとても参考になります。そして、お弁当ならではの梅干を足したり、果物やプチトマトを彩りに加えたりするのもいいでしょう。

学校給食からお弁当をつくろう！「お弁当プロジェクト」を、琉球大学附属小学校と連携して食育教材を作成しました。「弁当の日」実施が県内の学校でも増え、とても喜ばしい傾向なのですが、弁当作りのコツなど参考になるものが少ないようです。そこで、提案したい手立ては、毎日の給食を活用した弁当作りです。その献立から主食、主菜、副菜について学び、何をどの位、どのように組み合わせるとバランスが良いか、どのように詰めればいいのか等と給食が教材化できます。

ちなみに、手作りの弁当ではなく、一般的にコンビニエンスストアやスーパーマーケットなどの惣菜コーナーや弁当屋などの弁当は揚げ物が多く、野菜が多く入っているものは少ないのが現状です。時には、ひとつの弁当で1000キロカロリーを超えるものもあり、健康への影響も気になるところです。

「学校給食から弁当」は、健康的でお手軽に取り組める弁当作りです。小中学校の部活動などの弁当にも、ぜひ、おすすめします。ご活用いただければ幸いです。

1．対象献立

①海に関する食品を含む献立

沖縄県民のタンパク質摂取は、全国に対して肉類に偏っており、魚介類は最下位です。海に囲まれた県であるにも関わらず、海産物の摂取が少ないため、献立の中に入れました。

②郷土の食品を含む献立

郷土料理の伝承のために、汎用

性の高い地場産物を使用しました。

2. 方法

①主菜は、附属小学校が提供した給食献立を冷凍保存し、その料理を使用しました。

②副菜は、附属小学校の提供した給食献立を冷凍保存し、その料理などを調理して使用しました。

③給食献立の汁物は、別献立として新たに料理を調理し、使用しました。

基本的には思春期のこどもを対象にした取り組みなのですが、20代の5人に一人が痩せ体型というわが国の特徴的な傾向も踏まえ、子どもはもとより、そういったやせ願望のある中高校生や若い女性も、同時に対象としました。

栄養価	エネルギー	たんぱく質	脂質	炭水化物	食塩
	556cal	21.3g	16.7g	77.8g	4.6g

栄養価	エネルギー	たんぱく質	脂質	炭水化物	食塩
	585cal	21.0g	16.8g	85.5g	1.4g

栄養士を目指す学生が考えた　【学校給食からお弁当】

お弁当プロジェクト

❶ここは、琉球大学教育学部生涯健康教育コースの森山研究室。
ある日このコースの３年生のみっきーとあみちゃんがお弁当についておしゃべりをしていました。

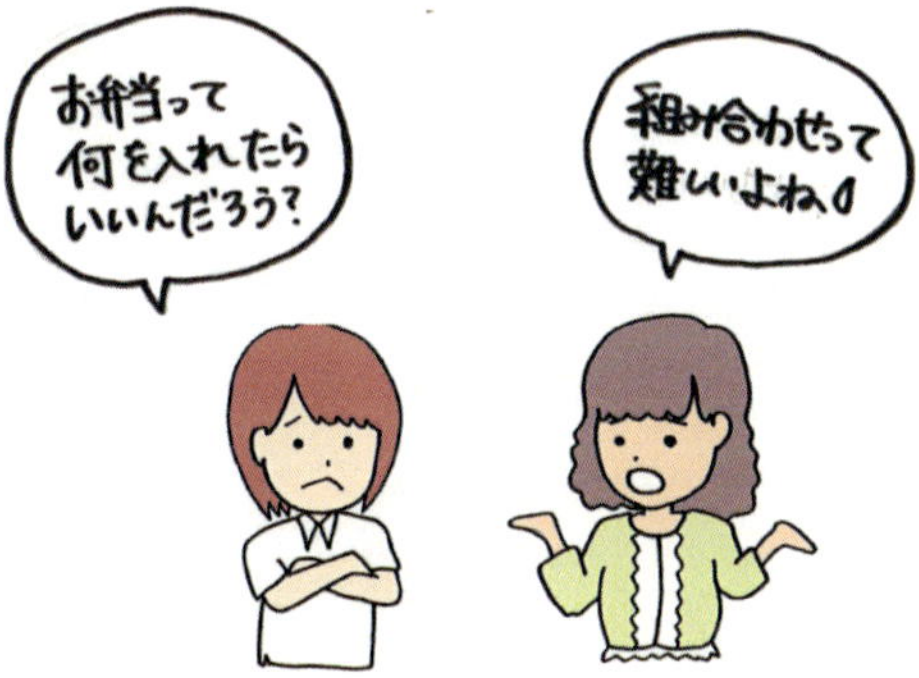
お弁当って何を入れたらいいんだろう？
組み合わせって難しいよね。

❷そこへ、給食大好きゆりぴーが「お弁当」の声に飛んできました。

私は給食を思い出して作ってるよ！
なるほど

❸「給食」の二文字に２人は目からウロコでした。

❹そこで３人は、克っちゃん先生に今の給食の現状を知るために相談しました。

先生こんにちは、私たちお弁当を作るための参考に給食のメニューについて知りたいんです

給食は、成長期の子供たちのお昼の一食を提供していて、主食、主菜、副菜がバランスよく組み合わされているので、お弁当のモデルとして最適です。特に、給食の組み合わせは弁当を作るうえでとても参考になります。

琉球大学教育学部
生涯健康教育コース
講師　森山克子先生

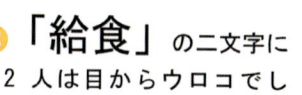

お弁当を作る前に、
先ず最初にお弁当を美味しく、
楽しくいただくための 15 のポイントをチェックしておきましょう。
給食は附属小中学校の森山尚子先生のメニューを参考にするといいと思います。

お弁当作りの **15** のポイント

※太枠のみ９例を紹介します。

①お弁当箱の容量をチェックしよう
②主食・主菜・副菜の割合をチェックしよう
③隙間なく詰め、中身が片寄らないようにしよう
④時間がたっても味が変わらないように工夫しよう
⑤食べやすいように一口大にしよう
⑥冷めてからふたをしよう
⑦ごはんに酢やうめぼしを入れよう
⑧おかずは区切って詰めよう
⑨加熱したものを詰めよう
⑩果物や生野菜は別容器にしよう
⑪いろいろな味を組み合わせよう
⑫見た目を美しく、楽しくしよう
⑬器、包む布などは清潔にしておこう
⑭夕食を多めに作って活用しよう
⑮長続きさせるために上手に手抜きをしよう

わかりました。
ポイントに注意しながら、附属小中学校の給食を参考にお弁当を作ってみます。

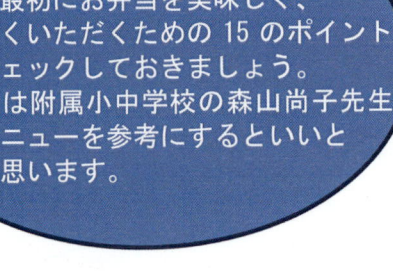

①お弁当箱の容量をチェックしよう

②主食・主菜・副菜の割合をチェックしよう

ある日

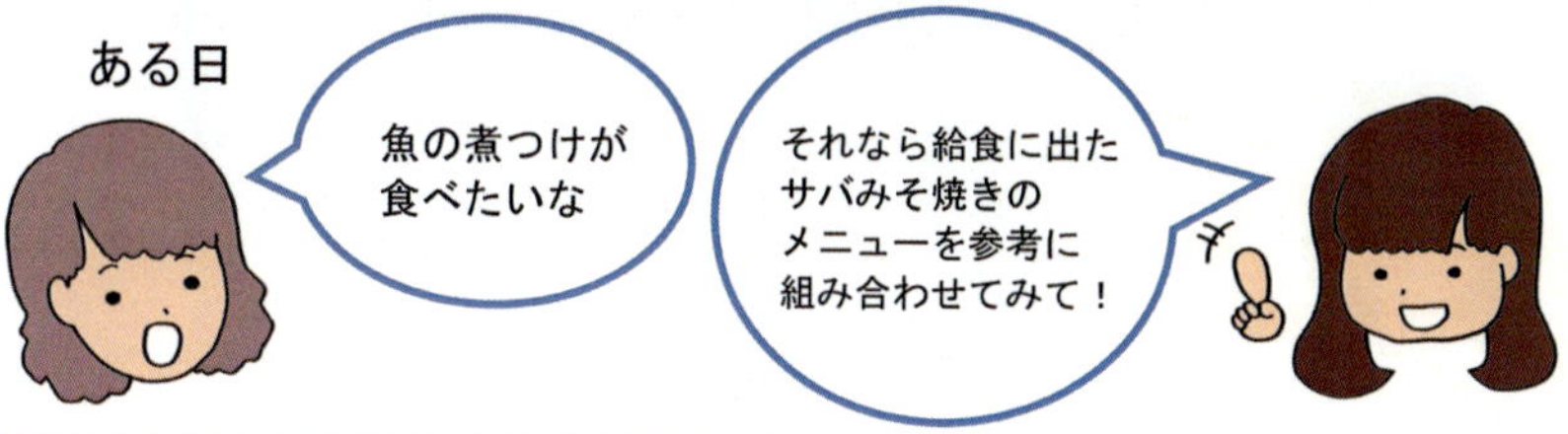
魚の煮つけが
食べたいな
それなら給食に出た
サバみそ焼きの
メニューを参考に
組み合わせてみて！

5月1日の献立

- 麦ごはん
- サバみそ焼き
- パパイヤチャンプルー
- かきたま汁
- チーズ
- 牛乳

アレンジ

梅干し
（減塩を使用）
麦ごはん
サバみそ焼き
青パパイヤは年中とれる県産野菜なので安価です。お弁当食材に
最適です。
パパイヤ
チャンプルー
ほうれん草のソテー

栄養価	エネルギー	たんぱく質	脂質	炭水化物	食塩
	556cal	21.3g	16.7g	77.8g	4.6g

お弁当づくりのポイント

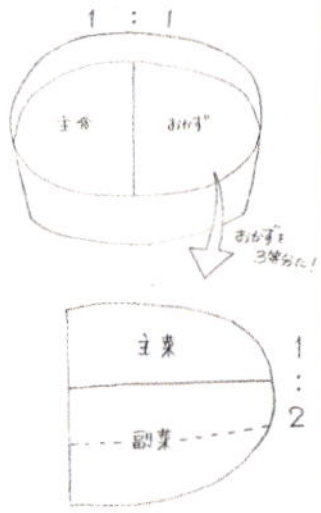

❶お弁当箱の容量をチェックしよう

・お弁当も一日の食事の一回分ですから、自分に必要な栄養のほぼ３分の１がとれる容量の弁当箱を準備しましょう。
例：中学生男子：880kcal、中学生女子：700kcal、
小学生：650kcal、成人女性：500～700kcal の目安ですので、
お弁当箱の底に記載されている容量をよく見て選びましょう。
お弁当箱の容量とカロリーはだいたい同じぐらいですので、
小学生の場合は、650cc の容量のお弁当箱を選ぶとよいです。

❷主食・主菜・副菜の割合をチェックしよう

・麦ごはん３、魚のみそ焼き１、パパイヤチャンプルーなどのおかず２、の割合がちょうどよい割合となります。

★栄養の工夫

・脂肪の摂取量を下げましょう。魚は、油で揚げずに魚の表面に油をぬり、オーブントースターで焼くと、油の使用量が少量で済みます。
・野菜をたっぷり食べましょう。パパイヤは、年間を通して手に入れやすく、台風など自然災害にも強いので安価です。また、栄養価が高い野菜ですので、弁当に取り入れる食品の定番にしましょう。

レシピ紹介

サバの味噌ダレかけ

【材料（１人分）】

さば	40ｇ
おろししょうが	1ｇ
赤みそ	7ｇ
三温糖	3ｇ
アーモンド粉末	1.5ｇ
白ごま	1ｇ
みりん	3ｇ
水	4ｇ

【作り方】
❶サバをオーブンで15分焼く（フライパン可）
❷調味料を混ぜ合わせて作った味噌ダレを①にかける。

パパイヤチャンプルー

【材料（１人分）】

パパイヤ	40ｇ
にら	5ｇ
沖縄豆腐	30ｇ
にんじん	10ｇ
ツナフレーク	8ｇ
油	1ｇ
塩	0.4ｇ
しょうゆ	1ｇ

【作り方】
❶パパイヤは皮をむいてシリシリにして水にさらし、あく抜きをして水気を切る。
❷鍋に油を熱し、ニンジン、パパイヤを炒める。
❸しんなりしてきたら豆腐・ツナを入れ、調味料を加え味を調える。

ほうれん草のソテー

【材料（１人分）】

ほうれん草	35ｇ
えのき	6ｇ
コーン	5ｇ
バター	3ｇ
塩	0.8ｇ
こしょう	少々

【作り方】
❶ほうれん草・えのき・コーンをバターで炒める。
❷しんなりしてきたら塩・こしょうで味を調える。

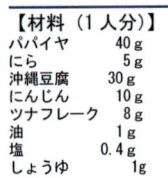

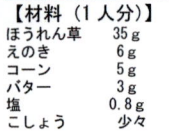

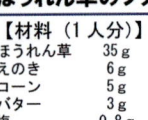

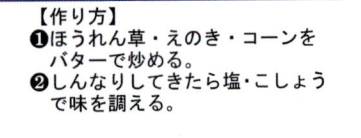

⑤食べやすいように一口大にしよう

⑥冷めてからふたをしよう

お麩をお弁
当に持って
行きたいな。

それならフーイリチ
ーのメニューを参考
に
組み合わせてみて！

6 月 18 日の献立

・麦ごはん
・フーイリチー
・シカムドゥチ
・紅芋団子
・牛乳
・佃煮

アレンジ

栄養価	エネルギー	たんぱく質	脂質	炭水化物	食塩
	531cal	16.6g	14.5g	77g	2g

お弁当づくりのポイント

❺ 食べやすいように一口大にしよう

・一口大にすることで食べやすくなります。今回は、県産の紅芋団子やちくわにしました。お弁当は、限られた時間で食べたりするので、食べやすさに留意するとよいでしょう。

❻冷めてからふたをしよう

・お弁当のおかずは、冷めてから詰めましょう。特に、ごはんはお皿で一度冷ますとよいでしょう。詰めた後もすぐにふたをせず余熱をとってしっかりと熱が冷めてからふたをしましょう。温かいままお弁当のふたをすると熱気が冷めて水滴になり、お弁当が痛む原因になります。

★栄養の工夫

・お麩を使うことで、おかずの余分な汁気を吸い取ってくれます。高タンパク質低カロリー食品なので、ボリュームがありながらも、カロリーを抑えることができます。お麩の歴史は古く、日本では室町時代から、肉の代わりにタンパク源として摂取していたようです。

レシピ紹介

フーイリチー

【材料（1人分）】

湿麩	25g
溶き卵	25g
もやし	30g
からし菜	30g
にんじん	10g
油	3g
塩	1g
しょうゆ	2g
天然だし	3g

【作り方】

❶ にんじんは短冊切りに、からし菜は食べやすい大きさに切る。
❷ フライパンに油を熱し炒り卵を作り、途中湿麩を加えて炒め一旦取り出す。
❸ フライパンに油を足して、にんじん、もやし、からし菜の順に炒め、野菜に火が通ったら②を戻し炒める。
❹ 塩、しょう油、天然だしで味を調える。

ちくわきのこ・ちくわアスパラ

【材料（1人分）】

竹輪	20g
アスパラガス	15g
しめじ	8g
バター	2g

【作り方】

❶アスパラガスは500wレンジで1分加熱する。
❷しめじはバターでソテーする
❸①・②をちくわに入れる。

コラム　～麩について～

沖縄のチャンプルーによく麩が登場します。麩は野菜炒めなどの水分を吸収してくれるため、お弁当に最適な材料のひとつです。麩は小麦粉から作られており、グルテンの形成を利用しています。

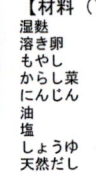

⑦ごはんに酢や梅干しを入れよう

⑧おかずは区切って詰めよう

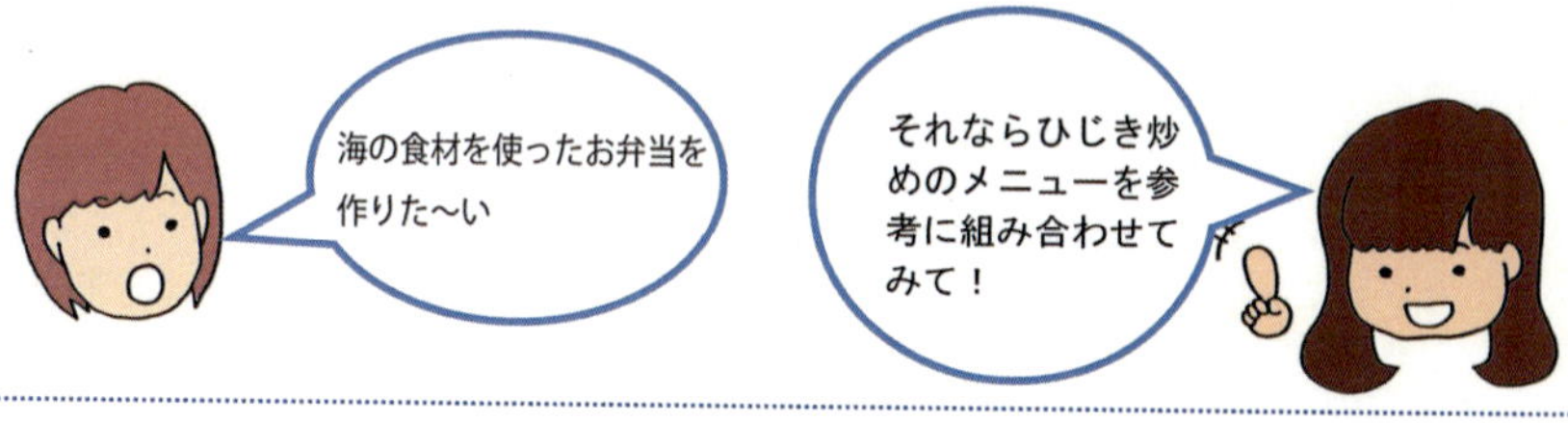

海の食材を使ったお弁当を作りた〜い
それならひじき炒めのメニューを参考に組み合わせてみて！

5 月 10 日の献立

・あわごはん
・さわらの照り焼き
・ひじき炒め
・みそ汁
・牛乳

アレンジ

あわごはん
トマト
いちご
さわらの照り焼き
ポテトサラダ
ひじき炒め

栄養価	エネルギー	たんぱく質	脂質	炭水化物	食塩
	585cal	21.0g	16.8g	85.5g	1.4g

お弁当づくりのポイント

❼ごはんに酢や梅干しを入れよう

ごはんに少し酸味を加えることで食中毒の予防につながります。コンビニのお弁当やおにぎりにも少量ですが酢が入っています。

夏になると、心配なのが食中毒です。大量発生でニュースになるのは飲食店や学校などですが、実は、発生率が一番高いのは家庭です。まな板などの調理器具や、キッチンそのものを清潔にしておくのと同時に、食べ物に菌を発生させない事が大事です。そこで出番なのが、強い殺菌力をもつ酢です。ごはん２カップに大さじ１の酢を入れるとよいでしょう。

❽おかずは区切って詰めよう

上手にカップやしきりを使うことで、お弁当も華やかになり味や香り移りも防ぎます。かわいいカップなども販売されているので、活用すると弁当づくりが楽しくなるでしょう。

★栄養の工夫

・さわらは肉質がやわらかいので、煮るよりは照り焼きや味噌漬けに向いています。しょうゆだけではなくバター焼きなど、いろいろな味付けを楽しみましょう。
・ひじきの煮物は常備菜として便利な副菜です。ひじきには鉄分が多く含まれているので貧血の予防になります。鉄分は特に思春期の女子に不足しがちな栄養素なので、積極的に摂取してほしい食品のひとつです。
・オレンジやサツマイモには不溶性食物繊維が多く含まれています。便を増やし、便秘を防ぐ働きがあるので大腸ガンの予防や、糖尿病の予防にも効果的です。オレンジの白い筋も食物繊維なので食べるようにしましょう。

レシピ紹介

さわらの照り焼き

【材料（1人分）】

さわら	40g
しょうゆ	3.6g
みりん	2.5g
おろししょうが	0.7g
三温糖	1.5g
片栗粉	0.2g

【作り方】

❶しょうゆ・みりん・しょうが・三温糖を合わせておく。
❷①にさわらを30分漬け込む。
❸フライパンに油を熱し②を焼く。
❹①を鍋に入れ煮詰め、煮汁に水溶き片栗粉でとろみをつけて、③のさわらとからめる。

ひじき炒め

【材料（1人分）】

乾ひじき	2.5g
にんじん	5g
もやし	16g
にら	4g
こんにゃく	15g
油揚げ	5g
国産大豆	10g
豚もも肉	10g
みりん	2g
しょう油	3g
油	3g

【作り方】

❶ひじきは水で戻し、油揚げは湯通しして、油抜きをする。
❷豚もも肉・にんじん・油揚げは千切りにして、にらは食べやすい大きさに切る。
❸こんにゃくはボイルする。
❹豚もも肉を炒め、こんにゃくを加えてさらに炒める
❺鍋に油を熱し、にんじん・ひじき・油揚げ・ゆで大豆の順に加えて炒める。
❻材料に火が通ったら、しょうゆ・みりんで調味する。
❼もやしとにらを加えて火が通るまで炒める

日本で伝統的に食べられている海藻の一種で、皮膚を健康に保つビタミンＡや便秘解消につながる食物繊維の効果が期待できます。さらに、鉄分やカルシウムも豊富なので貧血予防や骨粗鬆症予防にもなります。ひじきは油やタンパク質との相性も良いので調理方法もいろいろと工夫できる食品です。

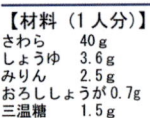

⑬器、包む布などは清潔にしておこう

⑭夕食を多めに作って活用しよう

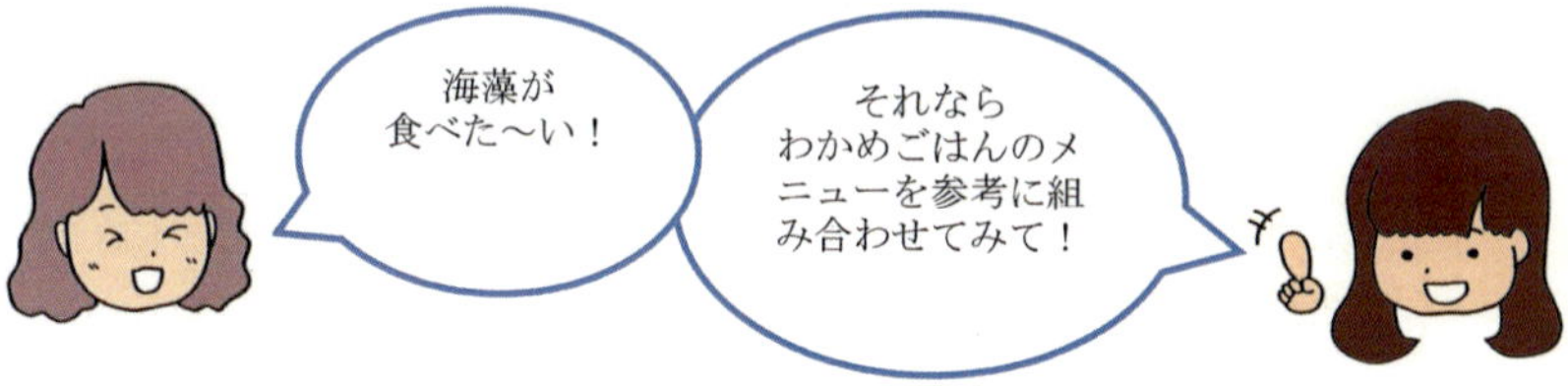
海藻が
食べた～い！
それなら
わかめごはんのメニューを参考に組み合わせてみて！

6 月 14 日の献立
わかめごはん
魚のマヨネーズ焼き
卵とじ
冬瓜とアーサの澄し汁
オレンジ
牛乳

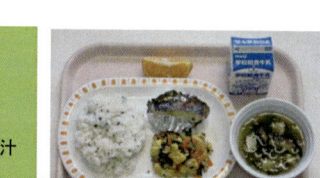

アレンジ

魚のマヨネーズ焼き
アスパラガスのバターソテー
わかめごはん
卵とじ

栄養価	エネルギー	たんぱく質	脂質	炭水化物	食塩
	528cal	20.9g	17.6g	69.2g	1.1g

お弁当づくりのポイント

⓭ 器、包む布などは清潔にしておこう

お弁当箱や包む布などが変わると食べることも楽しみになります。お弁当箱にもたくさんの種類があると楽しいですね。お弁当箱についている汚れは落ちにくいのでしっかりと洗い、清潔にしましょう。

⓮夕食を多めに作って活用しよう

翌日のお弁当のことを考えて、夕飯のおかずを工夫しましょう。また、そのおかずをお弁当に詰める際には必ず再加熱をしましょう。

★栄養の工夫

・ごはんにわかめを混ぜることで、海藻を手軽にとることができます。味付けごはんが、主食のおかずの場合は、おかずは薄味でも美味しくいただけます。

・卵は安価で栄養価も高く、お弁当に、適切な食品です。卵で野菜をとじることによって野菜を食べやすくしました。給食の定番メニューです。たまねぎ、にんじん、小松菜だけではなく、旬の野菜を取りいれてみてください。

レシピ紹介

魚マヨネーズ焼き

【材料（１人分）】
ほき…40g
赤ピーマン…5g
ホールコーン缶…5g
パセリ…2g
マヨネーズ…7g

【作り方】
❶赤ピーマンを粗みじん切りにする。
❷マヨネーズ・ホールコーンを混ぜ合わせる。
❸アルミホイルをカップ型に作り、ほきを入れ、①をのせ、②をかけてパセリをトッピングする。

卵とじ

【材料（１人分）】
たまねぎ…20g
にんじん…20g
小松菜…10g
ツナフレーク…5g
溶き卵…50g
塩…0.2g
しょう油…0.2g
油…3g

【作り方】
❶たまねぎ、にんじんは細切りにし、小松菜は、３cm長さに気る。
❷フライパンに油を熱し、にんじん、たまねぎ、小松菜の順に炒め、ツナフレークを加えて炒めあわせる。
❸塩、しょう油で味を調える。
❹最後に溶き卵を加えとじる。

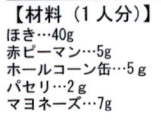

⑮上手に手抜きをしよう

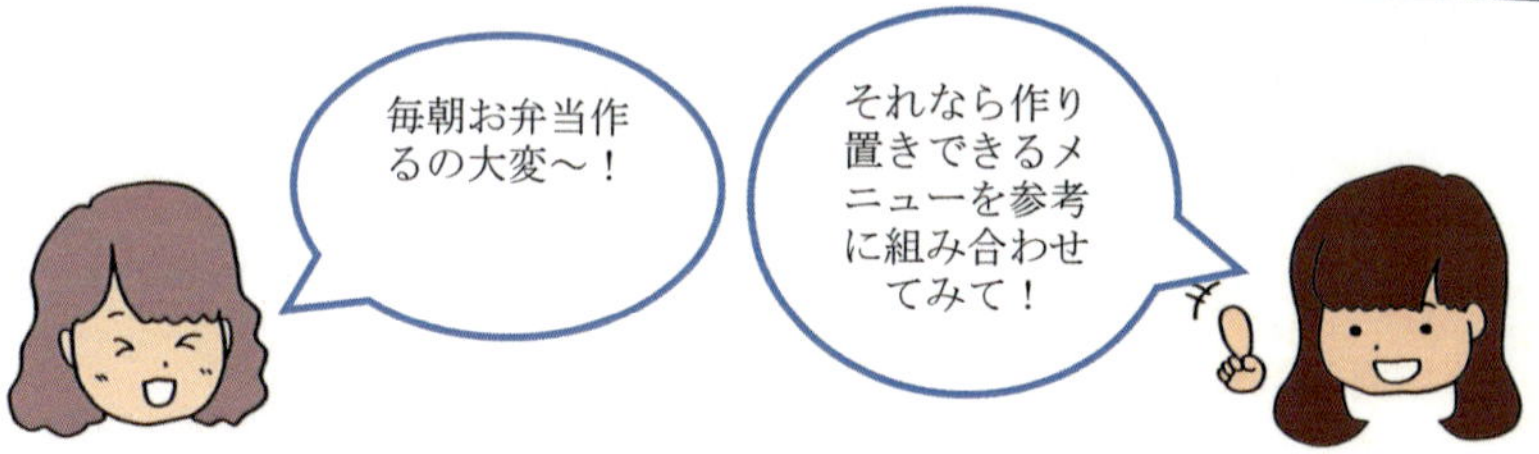

毎朝お弁当作るの大変〜！
それなら作り置きできるメニューを参考に組み合わせてみて！

7月3日の献立

ご飯
すまし汁
さけフライ
こんにゃく炒め
ピンクグレープフルーツ
牛乳

そこで

ピンクグレープフルーツ
さけフライ
白　米
ブロッコリー（ゆで）
こんにゃく炒め

栄養価	エネルギー	たんぱく質	脂質	炭水化物	食塩
	542cal	23.0g	15.1g	76.3g	1.7g

お弁当づくりのポイント

⑮長続きさせるために上手に手抜きをしよう

・毎日おかずを全て作ることが大変な場合は、冷凍食品、加工品、常備菜を利用しながら毎日のお弁当作りを続けていきましょう。何種類か常備菜を作っておくといいですね。

・ブロッコリーなどの付け合わせ野菜は小分けにして冷凍しておくとすぐ使えます。時間に余裕がある時は時間をかけて、時間がない時は簡単にというように上手に手抜きをして毎日のお弁当を楽しく作りましょう。

★栄養の工夫

・こんにゃくの成分は97%が水分で、残り3%が固形物でできています。こんにゃくに含まれるグルコマンナンには一緒に食べたものを消化管内で包み込み、消化吸収をさせない働きがあります。糖分や塩分脂肪などが小腸で吸収される量を減らすので糖尿病や高脂血症の予防に効果があります。また、グルコマンナンは非水溶性食物繊維なので体内で分解されず腸内まで運ばれてくるので便秘予防にも効果があります。
また、食品100g中5kcalなので低カロリー食品です。

レシピ紹介

さけフライ

【材料（1人分）】

さけ　1切れ
スライスチーズ 9g（半切れ）
小麦粉　3g
たまご　10g
パン粉　10g
塩　0.7g
コショウ　0.3g
油　4g

【作り方】

❶さけの皮は取り除き、半分の厚みに切り込みを入れ、塩コショウをふる。
❷スライスチーズは半分に切る。
❸さけの切り込みにチーズをのせ、軽くおさえる。
❹小麦粉、溶き卵、パン粉の順につけ、170℃の油で揚げる。

※さけは冷凍ものを使用してもよい！

こんにゃく炒め

【材料（1人分）】

こんにゃく 35g
牛もも肉　10g
玉ねぎ　35g
赤ピーマン 10g
ピーマン　10g
三温糖　1g
おろしにんにく 0.7g
しょうゆ　3g
油　3g

❶緑ピーマン、赤ピーマンは細切り、玉ねぎは薄切りに切る。
こんにゃくはあく抜きをしておく。
❷フライパンに油を熱し、牛もも肉を炒め、ピーマン、赤ピーマン、玉ねぎを炒める。
❸調味料を加えて味を調える。

お弁当作りの 15 ポイントのまとめ

献立名 ＼ チェック項目	魚の味噌焼き パパイヤイリチー	豆腐ハンバーグ かぼちゃの煮つけ	フーイリチー 紅芋団子	魚の照り焼き ひじき炒め	チーズバーガー 野菜ソテー	焼きそば ごぼうサラダ	魚マヨネーズ焼き 卵とじ	鮭フライ こんにゃく炒め
①お弁当箱の容量をチェックしよう	○	○	○	○	○	○	○	○
②主食・主菜・副菜の割合をチェックしよう	○	○	○	○	○	○	○	○
③隙間なく詰め、片寄らないようにしよう	○	○	○	○	○	○	○	○
④味が変わらないように工夫しよう	○		○	○	○			○
⑤食べやすいように一口大にしよう	○	○	○	○	○	○	○	○
⑥冷めてからふたをしよう	○	○	○	○	○	○	○	○
⑦ご飯に酢や梅干しを入れよう	○	○	○	○			○	○
⑧おかずは区切って詰めよう				○	○			○
⑨加熱したものを詰めよう	○			○	○		○	○
⑩果物、生野菜は別容器にしよう	○	○	○	○	○	○	○	○
⑪いろいろな味を組み合わせよう	○	○	○	○	○	○	○	○
⑫見た目を美しく、楽しくしよう	○	○	○	○	○	○	○	○
⑬器、包む布などは清潔にしておこう	○	○	○	○	○	○	○	○
⑭夕食を多めに作って活用しよう	○	○	○	○	○	○	○	○
⑮長続きさせるために上手に手抜きをしよう	○	○	○	○	○	○	○	○

参考資料　森山尚子先生が作成した給食から展開したお弁当です。

給食を弁当箱につめてみました

給食の献立

牛乳
あわごはん
さんま煮付け
くりきんとん

ごはんに
ふりかけをかけました

お弁当箱に詰めたもの

給食の献立

牛乳
たきこみごはん
コロッケ
野菜の和え物

彩りにプチトマトを
いれました

お弁当箱に詰めたもの

給食の献立

牛乳
麦ごはん
春巻き
シュウマイ
八宝菜
チーズ

チーズの代わりにご
はんにふりかけをか
けました

お弁当箱に詰めたもの

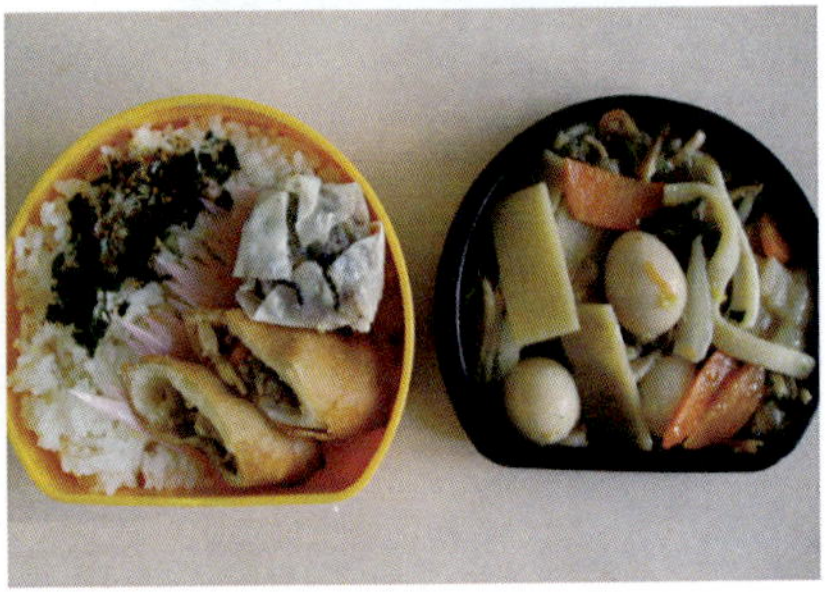

② 義務教育の食育

③「簡単朝ごはんのすすめ」

「海に関する食材で一日元気に過ごそう！」

朝ごはんをしっかり食べる食習慣を身につけることは、子どもの心の育成、体の成長などの健康に重要です。家庭で食べる朝ごはんが子どもの脳を活性化させるスイッチとなり、一日の活力源となります。学力向上のためにも、朝ごはんは欠かせません。子どもが作るおめざめメニューも公募したり、子どもでもできるレシピも作成しましたので、一部をご紹介します。

一日3回の食事をしっかり摂ることを通して望ましい習慣を身につけ、心も体も健やかに成長することを目的とします。3回の食事の中でも、特に大切なのが朝ごはんですから簡単で栄養バランスのよい料理を準備したいものです。

1．朝ごはんを食べることが大切な理由

①体のリズムを整えます。
↓排便促進など
②やる気と集中力が出ます。
↓朝食の摂取により体温が上がるため
③脳にエネルギーを補給
↓脳が活性化し、理解力、判断力などが増します

2．朝食の摂取と体力合計点とは深い関係がある

↓体力・運動能力の総合評価の指標である体力合格点は、男子・女子ともに、「毎日食べる」「時々食べない」「毎日食べない」の基準で数値を見た時、その結果は歴然です。摂取した子供は、体温がすぐにあがります。

＊参考資料　文部科学省　全国体力・運動能力などの調査による（平成21年）。

3．朝食の摂取と学力調査の平均正答率との関係

↓朝食を「全く食べていない」「あまり食べていない」「どちらかといえば食べている」「毎日食べている」で小学生の国語と算数の成績を比べてみると、毎日食べている子どもたちの正答率はダントツに高いことがわかります。

＊参考資料　文部科学省　全国学力・学習状況調査による（平成21年度）

4．脳は大食漢

↓朝食で脳に栄養をたくさんあげましょう。

ボクとわたしがつくる

朝ごはんのすすめ！

早寝・早起き
朝ごはん

簡単、お手軽、朝ごはんの秘訣！

火を使わないレシピ

料理時間
3分

簡単おにぎり

お皿にラップを敷いてご飯を半分入れる。真ん中に具をいれてにぎる。

バナナ+ヨーグルト
シリアル+ヨーグルト
シリアル+牛乳

カチューユー（鰹湯）

材料（1人分）

けずり節…………	10g	基本
みそ…………	大さじ1	基本
熱湯…………	1カップ	基本

作り方

お腕に、けずり節、みそを入れ、熱湯を注ぐだけ

料理時間
5分

〈バージョンアップ版〉
卵、わかめ、ねぎなどをプラスして、カチューユーが、がんじゅうスープに変身！
※しょうゆ味でもgoodです。

ホットココアミルク

カップに純ココア、砂糖、熱湯を入れ、ペースト状になるまでよく混ぜてから、温めた牛乳を注ぐ。

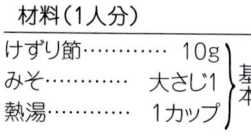

レンジやオーブンを活用したメニュー
なっとうトースト
しらすトースト
料理時間
15分
ミートドリア
オープンサンド
料理時間
20分
料理時間
10分
じゃがカレーパン

夕食をリメイクした朝ごはんレシピ
ちょっとの工夫で
鍋料理からいろいろ
活用できます。
キムチ
ぞうすい
トマトチーズリゾット
煮込み
うどん
料理時間
5分～15分
残り野菜から
・卵とじ
・チャンプルー
・具たくさん味汁
・ココット

おいしく食べる5つのポイント

① 寝る前は食べない

9時以降に食べるのはやめましょう

※朝、食欲がでません。

② 登校の準備は前日にする

※ゆとりをもって朝ごはんが食べられます。

③ 早く寝る

10時までには寝ましょう

※早く起きることができます。

④ 早く起きる

6時30分頃までには起きましょう

※朝ごはんをしっかり食べられます。

⑤ 起きたら体をほぐす（動かす）

※体がすっきりと目ざめ、食欲がでます。

朝ごはん作りのヒント
3つがそろうと、バランスのよい朝ご飯になるよ！
主食を決めましょう
パン
ごはん
炭水化物
脂肪
黄
はたらく力や熱になるもの
パン・ごはん類
主菜を決めましょう
にく
さかな
豆
大豆製品
卵
たんぱく質
赤
血や肉になるもの
肉、魚　卵、豆類
野菜・果物を揃えましょう
やさい
くだもの
ビタミン
緑
体の調子を整えるもの
野菜・果物類
汁もの・飲みもの
MILK
汁ものと飲みものがあると食べやすい

沖縄が生んだ
究極簡単スープ（カチューユ）を朝ごはんに

沖縄では、濃厚なかつお節のうま味を上手に使って料理をしてきました。その結果、全国で最も塩分摂取量の少ない県となり、この低塩分が健康沖縄の長寿の一つの秘訣であるといわれてきました。また、沖縄で古くから家庭で飲まれているカチューユは、健康によいとされ、風邪をひいた時や二日酔いの朝に飲まれてきました。忙しい朝に子どもたちの細胞をめざめさせ、心をおちつかせるカチューユをどうぞ……

脳細胞を活性化！

思考力UP？

基本のカチューユの作り方

「材料」
お椀/削りかつお（約1カップ）/みそ（大さじ1）/お湯（200cc）

《作り方》
❶器に削りかつおとみそを入れお湯を注ぐ。
※卵を加えると栄養満点の朝ごはんになります。

各家庭で個性豊かなアレンジ調理法が存在するのも「カチューユ」の面白さ。工夫いろいろ、さまざまな「カチューユ」をご堪能あれ。

かつお節ペプチド（アミノ酸）の効果

1.全身の細胞を活性化させ、細胞内のDNAをつなぐ物質の原料となります。

2.疲労回復効果が期待できます。（疲労物資、乳酸を分解する酵素を活性化）

3.神経伝達がスムーズに行われ、集中力や思考力が高まります。

我が家の「カチューユ」大集合！

全ての源は海から

ボクとわたしがつくる簡単レシピ

金武町立嘉芸小学校　4年生 山 城　祐 喜

ふわたまゴーヤーDon

栄養教諭コメント

★ゴーヤーを卵やツナと合わせどんぶりにすることで栄養バランスのとれた朝食に！

材　料（2人分）	◎ゴーヤー 60g（縦半分）◎卵 2個 ◎ツナ 80g ◎塩 小さじ1/2 ◎しょうゆ 小さじ1 ◎牛乳 大さじ3 ◎油 小さじ1 ◎きざみのり 少々 ◎シークァーサー 1個

作り方

❶ゴーヤーはスライスし、塩もみしたあとさっと茹でる。
❷水気をしぼったゴーヤーとツナ、しょうゆを混ぜる。
❸卵、牛乳、塩を混ぜ、ふわふわいり卵になるように混ぜながら焼く。
※お好みでマヨネーズをかけるとおいしいヨ！

栄養価（1人当たり）
エネルギー／502kcal
塩　　分／2.5g

浦添市立沢岻小学校　5年生 當 山　夏 希

人参とりんごのサラダ

栄養教諭コメント

★りんごと干しぶどうを入れるとビタミンCと鉄分が手軽にとれ、色どりもキレイで朝から食欲もアップ！

材　料（2人分）	◎人参 50g ◎りんご 1/2個 ◎干しぶどう 30g ◎ブロッコリー 2コ ◎プチトマト 2コ ◎マヨネーズ 大さじ1 ◎サラダ菜 2枚

作り方

❶人参をしりしりし、干しぶどうとブロッコリーと水（大さじ2）をレンジで2分加熱する。
❷りんごは小さく切る。
❸❶が冷めたらりんごを加え、マヨネーズで和える。

栄養価（1人当たり）
エネルギー／134kcal
塩　　分／0.1g

琉球大学教育学部附属小学校　4年生 島 袋　にいな

とろ～りチーズのにらオムレツ

栄養教諭コメント

★定番の卵料理もにらやチーズを加えることで鉄分とカルシウムがたくさんとれるよ!

材　料（2人分）　◎卵 2個 ◎にら 40g（1/2束） ◎とろけるチーズ 2枚 ◎油 大さじ2

作り方

❶にらは1cmに切り、溶き卵と合わせる。
❷熱したフライパンに油をしき❶を流し入れ、チーズをのせ巻いていく。
※お好みでケチャップをかけるとおいしいヨ!

栄養価（1人当たり）
エネルギー／209kcal
塩　分／0.4g

琉球大学教育学部附属小学校　4年生 中 島　笑 唯

大豆のブツブツおやき

栄養教諭コメント

★子どもたちが苦手な大豆もお焼きにすると おいしく食べられるよ!鉄分が多くとれる一品です。お弁当にもピッタリ!

材　料（2人分）　◎水煮大豆 140g ◎玉ねぎ 1/4個 ◎じゃがいも 中1個（120g）◎黒ゴマ 小さじ1 ◎小麦粉 大さじ ◎ウスターソース 小さじ1 ◎塩 適量

作り方

❶全ての材料をフードプロセッサーにかける。
❷6等分にして小判型にし、両面をフライパンで焼く。
※フードプロセッサーが無ければすりつぶしても良い。
※お好みでケチャップをかけてネ。

栄養価（1人当たり）
エネルギー／219kcal
塩　分／1.8g

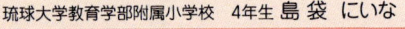

ボリューム満点 じゃがカレーパン

栄養教諭コメント
★お好みで、パンを焼いてもおいしい！子どもに人気のカレー味

材料（2人分）　◎胚芽ロールパン 4個 ◎じゃがいも 中1個（120g） ◎卵 2個 ◎レタス 1枚
A-◎塩 少々◎コショウ 少々 ◎マヨネーズ 大さじ2 ◎カレー粉 小さじ$1\frac{1}{2}$ ◎ハチミツ 少量
◎スライスチーズ 2枚

作り方
❶じゃがいもを4センチ角に切り、卵と共に茹でる。火が通ったらそれぞれ取り出しておく。
❷サニーレタスを洗い、水気をきっておく。
❸ボウルに茹であがったじゃがいもと卵をつぶしてAを加えて混ぜあわせる。
❹パンに切り込みをいれて、チーズとレタスをしき❸をはさんだら完成。

栄養価（1人当たり）
エネルギー／432kcal
塩　分／1.7g

手間入らず オープンサンドイッチ

栄養教諭コメント
★バランスのとれたサンドイッチがカンタン手間いらず！

材料（2人分）　◎食パン 2枚 ◎トマト 1/2個 ◎ツナ 大さじ1
◎コーン缶 大さじ2 ◎マヨネーズ 大さじ1 ◎レタス2枚

栄養価（1人当たり）
エネルギー／275kcal
塩　分／1.1g

作り方
❶トマト、レタスを洗い、トマトは輪切りしておく。
❷ボウルにツナ、コーンをいれ、マヨネーズを加え混ぜ合わせる。
❸❶❷をお皿に盛りつけ、好みのパンにはさむ。

お手軽 ミートドリア

栄養教諭コメント

★市販のものを活用して手軽にボリュームたっぷりな朝食を！

材 料（2人分）	◎ごはん 400g ◎ミートソース 80g ◎玉ねぎ 30g ◎コーン缶 大さじ1 ◎ピーマン 10g（1/5個） ◎とろけるチーズ 2枚
作り方	❶玉ねぎ、ピーマンを細かく切る。コーンは水気を切っておく。 ❷ごはんにミートソースと❶、チーズをのせてオーブンで焼く。

栄養価（1人当たり）
エネルギー／389kcal
塩　　分／0.7g

簡単でおいしい なっとうトースト&しらすトースト

栄養教諭コメント

★ごはんに合う納豆やしらすはトーストに相性バツグン！

材 料（2人分）	〈なっとう〉◎食パン 1枚 ◎納豆 30g ◎ねぎ 2g（小口切り）◎スライスチーズ 1枚 〈し ら す〉◎食パン 1枚 ◎しらす 2g ◎マヨネーズ 大1/2 ◎スライスチーズ 1枚
作り方	❶なっとう、ねぎをまぜ合わせ食パンにぬり、チーズをのせて焼く。 ❷しらすとマヨネーズをまぜ、食パンにぬりチーズをのせて焼く。

栄養価（1人当たり）
エネルギー／279kcal
塩　　分／1.7g

食育と海洋との関連性について
ー食育教材（クイズQ-食マスター）実践ー

森山克子　名嘉裕子　我那覇ゆりか
琉球大学教育学部　生涯健康教育コース

背景・目的

学校教育において食育が推進されている（食育基本法, 2005）。
また、学校・社会教育における海洋に関する教育も重要となっている（海洋基本法, 2007）。海洋と食育は関連性が高いため、海洋教育の普及推進を図るには、食育とコラボレーションが必要だと考える。

発表者が沖縄県全域小中学校を対象に行った調査において、学校教育計画から「海洋教育と食育」と関連する内容を調べたところ、総合学習および社会科、また、食に関する指導の全体計画において関連性が高いことが明らかとなった。

以上の背景を鑑み、「海洋教育と食育」をコラボレーションさせ、学校教育における海洋教育を効果的に実施することを目的に、子どもに親しみやすく教科や総合学習、食に関する指導などでも活用しやすいゲームソフトを開発した。今回は、そのゲームソフトを活用した学校における食育および海洋教育の実践について報告する。

実践方法

沖縄県内の小中学校でパソコン学習の時間、家庭科の時間などでゲームを活用してもらう

・那覇市立小禄南小学校：平成23年3月23日
・那覇市立石田中学校：平成23年8月7日
・那覇市立城東小学校：平成24年3月2日
・南風原町立南星中学校：平成24年10月24日

調査項目：

①食に関する指導の全体計画
　1.特別活動（学級活動及び給食時間）
　2.教科との関連
　3.献立作成の配慮
②給食時間における食に関する年間指導計画（給食指導年間計画）
③食に関する指導の年間計画
　1.教科との連携

実践

海洋教育の為の教材紹介

【ゲームの全体イメージ図】

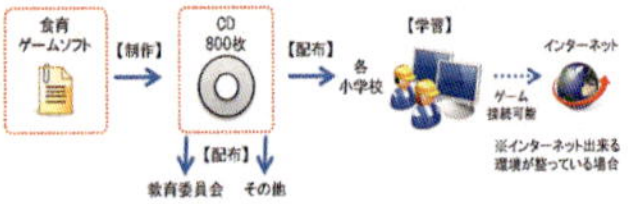

【ゲーム展開図】

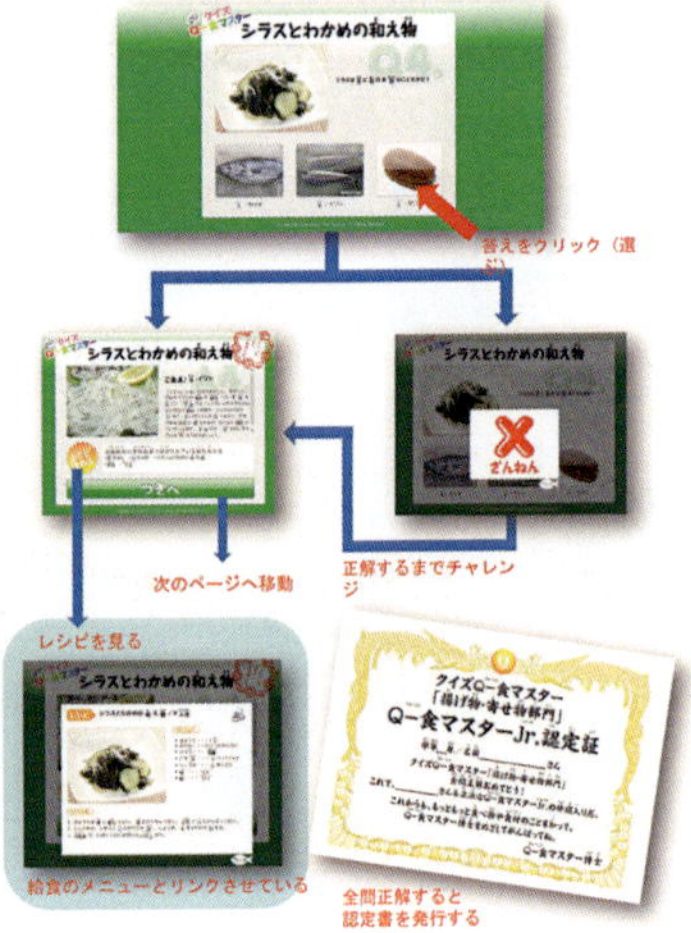

1.ゲーム内容

(1)ゲームコンセプト

　ゲームを活用することで、家庭や学校の「食育」を推進し、食文化の伝承を促す。

(2)ゲーム【食育情報教育】の内容

1) ゲームの種類：クイズゲーム
2) 対象者　：小学校低学年を中心
3) クイズの内容：小学校給食で扱うメニューにある海の食材に関するクイズ
4) クイズの数　：20問（4つのカテゴリー×各5問）

(3)【全体イメージ図】

子供たちが、ゲームソフトを活用して学校や家庭などで「食育」を学び、「食育」を推進するためのソフトを制作する。パソコン上にてゲームを活用、学習するために、ゲームソフトCDを作成し、各小学校（広報用：教育機関、その他）に配布をする。また、インターネット環境が整っている小学校や家庭で利用できるように琉球大学のサーバーへ登録する。

実践

クイズQ-食マスターの実践

(1)小学校編

❶那覇市立小禄南小学校	パソコン学習の時間
❷那覇市立城東小学校	給食の時間

以下は、小学校2校においてゲームソフト「Q-食マスター」を活用した授業の様子である。「Q-食マスター」は、ゲーム感覚で楽しく学ぶことができるため、子どもの海洋にする理解、興味・関心を高めるのに有効であることがわかった。

・ゲームを始める前に給食と海の食べ物との関連性の授業を行った。

❶那覇市立小禄南小学校
よく見かけて食べている海の食材のクイズに夢中になって回答している子どもたち。正解すると得意げに先生へ報告している。

❷那覇市立城東小学校
給食の前にクイズQ-食マスターを使って学校栄養職員の先生も一緒に授業を行いました。

●給食と授業
クイズQ-食マスターの中のクイズとその日の給食のメニューを関連させて子どもたちに食材への興味を持たせる。

実践

（2）中学校編

❶那覇市立石田中学校	現場の教師に向け講習会
❷南風原町立南星中学校	家庭科の授業

那覇中学校においては、教員対象にゲームソフト「Q-食マスター」の活用方法について講習を行った。南西中学校においては、実際、現場教員に「Q-食マスター」を使った授業を実践していただき、その有用性が示唆された。

・学校の先生向けの講演会にて
クイズQ-マスターを使った授業を紹介

❶那覇市立石田中学校
❷南風原町立南星中学校

家庭科の先生よりクイズQ-食マスターを使った授業を行った感想

献立の授業の中で、給食の献立表を活用することはありましたが、メニューや食材に意識したことがありませんでした。今回の【クイズQ-食マスター】を活用することで、身近な県産品や郷土料理を取り入れ、将来を担う子供たちに、食文化を伝える役割を「学校給食」が担っていると痛感しました。また、県魚（たかさご）を教えたり、海に囲まれている沖縄に住んでいて、「海」を意識したことがなく、Q-食マスター博士の最後のメッセージは、今後に繋げ、生かしていきたいと思いました。

??のソース焼き

学校給食で親しまれているこの料理に使われているお魚はどーれ？

（ 鮭 ）

良質な脂肪、タンパク質を含み、栄養バランスに優れた「サケ」は、（ 味 ）にくせもなく老若男女を問わず、好まれるお魚です。カルシウムの吸収を助けるビタミンDや、目の病気や、風邪予防に欠かせない（ ビタミンA ）も豊富に含みます。洋食、和食を問わず、いろんな調理法で美味しく食べることが出来るのも魅力です。

スパゲッティボンゴレ

この料理に使われている貝はなあに？

（ アサリ ）

「アサリ」は、昔から（ 滋養強壮 ）に効くとされてきました。栄養ドリンクでよく耳にする「タウリン」や、（ 肉のレバー ）に多いビタミンB12を多く含みます。（ 肝臓 ）の機能きのを活発にし、造血を促進します。体の疲れや（ 貧血 ）におすすめです。殻の中にも旨味、栄養がたっぷりなので、殻つきのままで調理するのが良いです。

シラスとわかめの和え物

シラスは主に何のお魚のこどもかな？

（ シラス ）

「シラス」とは、カタクチイワシ、マイワシ、ウルメイワシの（ 稚魚 ）の総称です。お魚を丸ごと一匹食べる「シラス」はたくさんのカルシウムが期待できます。シラスはクセが少なく、あっさりとした味ですので、さまざまな料理に使えますが、もともと塩味がついているので、味付けは、控えめにすることも覚えておきましょう。

南星中学校にて家庭科の時間に
穴埋めテストを行った。

クイズQ-食マスターはネットからでも検索できます。

琉球大学Q-食マスター　検索

http://w3.u-ryukyu.ac.jp/umi/project/moriyama/game/index.html

楽しく学ぼう！ 海の幸を食卓に。

給食や沖縄の料理が学べる！

楽しいゲームで海洋が学べる！

CD・インターネットから

↓

これって な〜に？

レシピつき

クイズQ食《きゅーしょく》マスター

ゲームスタート

↓

順番にチャレンジしてみよう！

1. 揚げ物・寄せ物
2. 煮物・炒め物
3. ご飯物・汁物
4. 焼き物 合え物・麺類

★ゲームの流れは、ゲームスタートのボタンを押すと問題が出てくるョ!あとは答えていくだけ!遊びながら学べるョ!

4問正解すると、Q一食マスターJr.認定書がもらえるョ!

Q一食《きゅーしょく》マスター博士《はかせ》より

海は、世界への夢の扉!海洋国日本の食育は、海洋県沖縄から……

食育教材ゲーム「クイズQ一食マスター」から始めよう!ゲームコンセプトは、食べ物への感謝、自然への感謝、食文化への感謝の三つです。心を三つの感謝でいっぱいにして、バランスよく食べて健やかな体をつくろう!世界につながる夢を描いて…

この食育ゲームで沖縄の子どもたちへの夢を世界に発信します。

食育への希望を食育ゲームにそえて!(2011年2月)

琉球大学教育学部
講師　森山　克子

琉球大学 Q一食マスター　検 索

コラム

データで見る米飯給食のすすめ

学校給食における献立形態の基本は、米飯給食週3回・パン給食週1回・麺給食週1回で組み立てられています。登場回数の一番多い米飯給食について、その意義を裏付ける興味深いデータの数々をご紹介します。

①アミノ酸のスコア表

私たちの身体の約20%を占めるアミノ酸は、生命の源として私たちを支えています。その数値を食品別にみると、パンや麺類より精白米の数値が高いことがわかります。（表1）

②精白米の対アミノ酸評点パタン比率

不足、または摂取しないといけないアミノ酸を多く含む別の食品との組み合わせにより、米飯給食が有効にそれらを補い、栄養価を向上させる働きを持つかがわかります。（表2）

③献立形態別・食品分類別摂取量

この評価からわかるように、魚介類における米飯給食での充足率は100%を超え、102%と高数値であることが見て取れます。一方、パン給食では62%、麺給食では53%と低い数値なのがわかります。（表3）

表2 精白米の対アミノ酸評点パタン比率

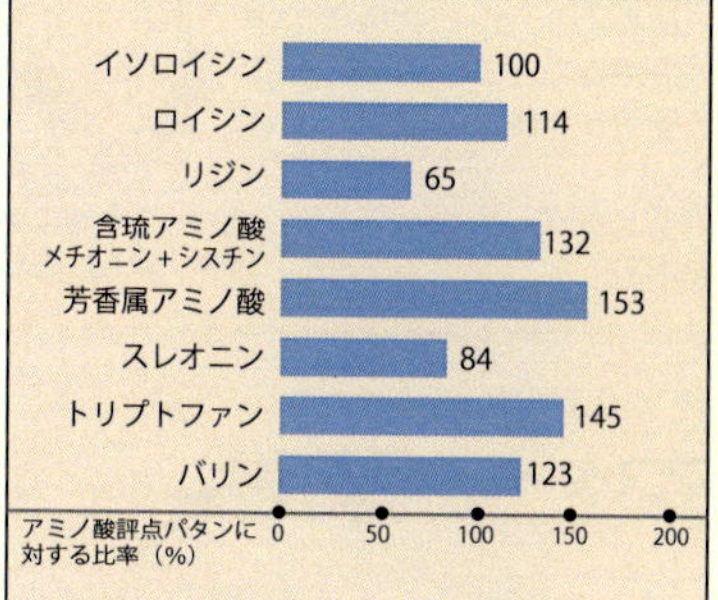

イソロイシン 100
ロイシン 114
リジン 65
含硫アミノ酸 メチオニン＋シスチン 132
芳香属アミノ酸 153
スレオニン 84
トリプトファン 145
バリン 123
アミノ酸評点パタンに対する比率（%）
0
50
100
150
200

第一制限アミノ酸はリジンでアミノ酸評価65。
但し、アミノ酸評点パタンは1973年の一般用パタン。

表1.アミノ酸スコア表

▼米・穀物	
精白米	65
玄米	68
ビーフン	62
食パン	44
小麦粉（薄力粉）	44
小麦粉（強力粉）	38
そうめん	41
うどん（生）	41

表3. 献立形態別・食品分類別摂取量

区分 / 食品成分表	基準値 (g)	米飯給食		パン給食		めん給食	
		摂取量 (g)	充足率 (%)	摂取量 (g)	充足率 (%)	摂取量 (g)	充足率 (%)
魚介類	16.00	16.3	102	9.9	62	8.4	53

平成24年度学校給食における児童生徒の栄養素などの摂取状況報告表　《小学校》

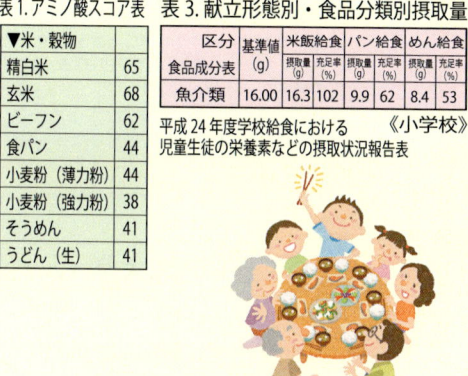

第2章
理論編

知育・徳育・体育の基礎となる食育

近年、食生活やライフスタイルの多様化が進む中、理想的な食生活を維持することは厳しい時代になっています。しかし、いつの世も、子どもの心身の発達には「食」が深く関わっています。一義的には家庭が担うものですが、一部の家庭では教育力の低下も見られることから、学校では子どもたちに「食」に関わる教育（食育）をおこなっています。これまでも給食時間の給食指導や栄養指導、家庭科では食事の重要性や調理実習、保健の時間では健康な体づくりなどを通して食育を実践していましたが、昨今の食環境の影響を受けて偏った栄養状況など、子どもたちの食生活の乱れから肥満・痩身傾向などが見られます。子どもたちの食に関する正しい知識と望ましい食習慣を身に付けることができるよう、学校において食育を推進することが喫緊の課題となっています。

1．食の選択能力は「生きる力」

○「食」が人をつくる

食の大切さは、いろいろな切り口で説明・解説されています。健全な心身を作るため、病気に強い体を作るためなど、肥満や生活習慣病への問題もよく取り上げられます。

では、子どもたちにはそれらのことをどのように伝えれば良いのでしょうか？

私は講演させていただくときに、「からだはあなたが食べたもので作られている」ということを必ず最初にお話します。食は毎日の生活そのものであり、食材に含まれる栄養素が私たちの生命維持に不可欠となっています。体の材料は何から出来ているかといえば、食べ物そのものです。ですから、子どもの頃からなにを食べるか？といった食の選択能力を身に付けることは重要です。すなわちそれが、生きる力そのものとなるからです。

2なぜ、食育が知育・徳育・体育の基礎なのか？

○マズローの欲求５段階説（自己実現理論）

マズローの欲求５段階説（自己実現理論）は、教職員ならどなたでもご存知だと思いますが、再認識のために記してみれば「人間の欲求は低階層から欲求が満たされると、より高次の階層の欲求を欲する」ことで、自己実現を目指す理論です。

この食事、睡眠、排せつ、性などの生理的欲求を適切に充たす教育は、学校においてこれまで

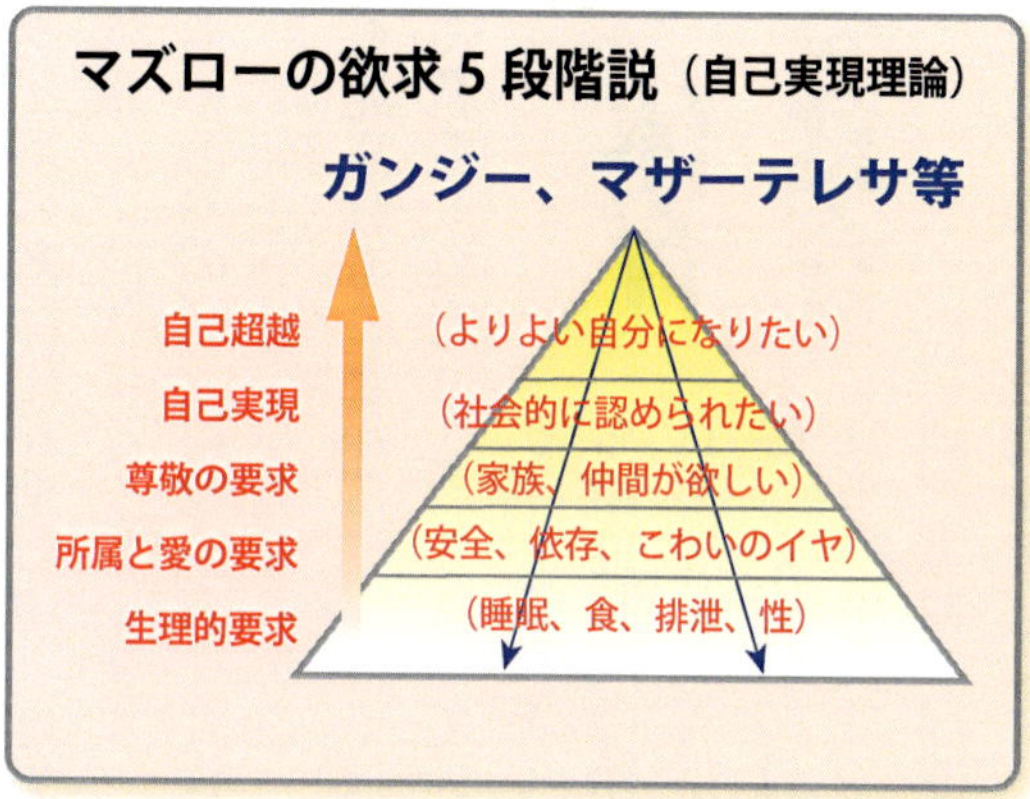
マズローの欲求５段階説（自己実現理論）
ガンジー、マザーテレサ等
自己超越
自己実現
尊敬の要求
所属と愛の要求
生理的要求
（よりよい自分になりたい）
（社会的に認められたい）
（家族、仲間が欲しい）
（安全、依存、こわいのイヤ）
（睡眠、食、排泄、性）

も行われています。しかし、子どもを囲む環境が多用かつ複雑化する中、学力向上や心身の健康のために、特に朝ごはんをしっかり食べるなどの食習慣の指導はさらに重要になってきます。基本的生活習慣の中で、学校・家庭・地域が連携し子どもの生活習慣改善に効果が発表されている事例は、食育に関わる実践が多いようです。

なぜ、食育の取り組みが効果を出しやすいのでしょうか?

その要因は、改善の取り組みにあたり、食育が他の基本的生活習慣（睡眠、排せつ等）に比べ、学校・家庭はじめ、多くの方の理解、協力が得やすい活動だからです。

○食育基本法と学習指導要領から

食育基本法（平成17年）の前文・・・子どもたちが豊かな人間性をはぐくみ、生きる力を身に付けていくためには、何よりも「食」が重要である。今、改めて食育を、生きる上での基本であって、知育、徳育、及び体育の基礎となるべきものと位置づける（中略）・・・食育はあらゆる世代の国民に必要なものであるが、子どもたちに対する食育は、心身の成長及び人格の形成に大きな影響を及ぼし、生涯に渡って健全な心と身体を培い豊かな人間性を育んでいく基礎となるものである。（中略）・・・家庭、学校、保育所、地域等を中心に、国民運動として、食育の推進に取り組んでいく。（後略）

このように、食育基本法の前文に記載されたことを受けて、平成20年3月に学習要領が改訂され、その総則3に学校における食育の推進が次のように明記されました。

小学校学習指導要領の総則3　学校における体育・健康に関する指導は、児童の発達の段階を考慮して、学校の教育活動全体を通じて適切に行うものとする。特に、学校における食育の推進並びに体力の向上に関する指導については、体育科の時間はもとより、家庭科、特別活動などにおいてもそれぞれの特質に応じて適切に行うよう努める

こととする。（後略）

それゆえ現在、学校においては、食育の推進を積極的に取り組むことが求められています。

○沖縄県教育委員会の「学校教育における指導の努力点」から

沖縄県教育委員会では、学習指導要領の総則を受けて、食育に積極的に取り組むための施策を立てています。平成２６年度「学校教育における指導の努力点」には、知育・徳育・体育の次の４番目に記載されています。（＊別紙②）

これらの努力点の目標を受けて、各学校では、児童、生徒の実態に応じて地域の特徴を活かした食育の推進が求められています。

その際、食の専門家である栄養教諭等や生きた教材として学校給食を活用することが大切です。

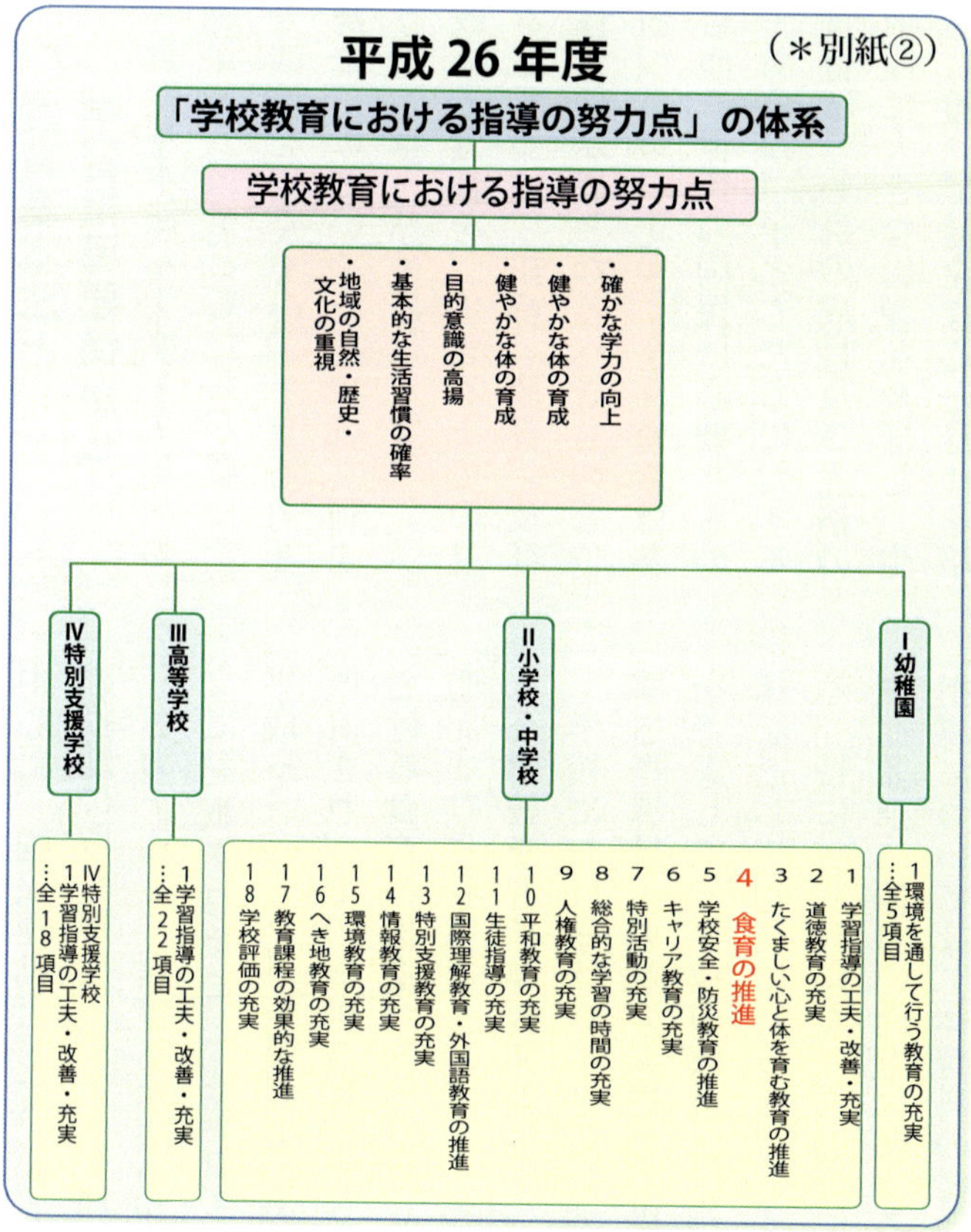

平成 26 年度
（＊別紙②）
「学校教育における指導の努力点」の体系
学校教育における指導の努力点
・確かな学力の向上
・健やかな体の育成
・健やかな体の育成
・目的意識の高揚
・基本的な生活習慣の確率
・地域の自然・歴史・文化の重視
Ⅰ幼稚園
1環境を通して行う教育の充実
…全5項目
Ⅱ小学校・中学校
1 学習指導の工夫・改善・充実
2 道徳教育の充実
3 たくましい心と体を育む教育の推進
4 食育の推進
5 学校安全・防災教育の推進
6 キャリア教育の充実
7 特別活動の充実
8 総合的な学習の時間の充実
9 人権教育の充実
10 平和教育の充実
11 生徒指導の充実
12 国際理解教育・外国語教育の推進
13 特別支援教育の充実
14 情報教育の充実
15 環境教育の充実
16 へき地教育の充実
17 教育課程の効果的な推進
18 学校評価の充実
Ⅲ高等学校
1学習指導の工夫・改善・充実
…全22項目
Ⅳ特別支援学校
Ⅳ特別支援学校
1学習指導の工夫・改善・充実
…全18項目

第3章

海洋教育と食育の関連性の研究

学校給食から海洋県沖縄の食文化を伝える研究の一環として、県内小中学校の教育計画から「食育と海洋」との関連性を明らかにすることを試みました。その結果、海洋に関する指導内容は、さまざまな教科などで関連がありました。最も関連があったのは総合的な学習の時間で、小学校16.5%、中学校8.4%。教科で関連があった社会科は、小学校9.2%、中学校3.3%となり、総合的な学習の次に高くなりました。中でも栄養教諭などが作成する食に関する指導の全体計画では12.6%、栄養指導計画では13%であり、総合的な学習の時間の次に高くなりました。学校教育計画において「食育と海洋」の関連性は、他教科に比べて高いことから明らかになりました。食育の中心となる給食は、年間200日程度の実施をしているので今後、給食を教材として活用した食育実績が期待できると考えます。

学校給食から海洋県沖縄の食文化を伝える研究

～学校教育計画における海に関わる指導内容の実態～

【目的】

学校給食から海洋県沖縄の食文化を伝える方法を研究するための資料として、沖縄県内全小中学校の学校教育計画に記載されている食と海洋に関する指導内容を各教育事務所別に調査をしました。

【対象】

沖縄県内全小学校二七一校、中学校一五五校の教育計画

【時期】

二〇一一年（平成二十三年）八月～九月の間

【場所】

国頭教育事務所、中頭教育事務所、那覇教育事務所、島尻教育事務所、宮古教育事務所、八重山教育事務所

【内容】

学校教育計画で記載されている海洋教育と食育との融合の試みに関連する指導内容

【実践例】

＊紀要２１号の中から

（＊別途各地区の取り組み表掲載）～

【まとめ】

学校給食から海洋県沖縄の食文化を伝えるため、沖縄県内の小中学校の学校教育計画における海に関わる指導内容を調査したところ、都市地区より農村部の学校で沖縄の食文化に関わる内容がありました。北部の本部町や離島の座間味村、宮古島市では、沖縄の食文化のベースとなる鰹節作りに関する内容があったことから、海洋県沖縄の食文化の伝承が今後も可能であることがわかりました。海産物では「もずく」の出現数が最も多く、給食管理の献立からも伝承しやすい海の食育教材は「もずく」であると確認できました。これらのことから、国語・理科・社会科・家庭科の教科や道徳、総合学習など学校教育計画全体で横断的に指導しつつ、給食から海洋県沖縄の食文化を伝承できることが示唆されました。

学校教育計画における海に関わる指導計画実例

国頭地区（小学校）（18 校／ 51 校中）

1. 北国小学校	全体計画 地場産物の活用方針（シイラ、イカ）
2. 佐手小学校	教科等（特別活動、家庭科）・夏の食べ物（魚）の取り方 ・冬の食べ物（魚）の取り方
3. 安田小学校	総合（3～6 年）6 月「魚さばき体験」
4. 安波小学校	全体計画　教科等（道徳 6 年）「サケの一生」 地域 地場産物の活用（海産物）
5. 辺土名小学校	栄養指導 朝の読書「魚市場」
6. 喜如嘉小学校	総合 ふるさと学習、体験学習
7. 兼次小学校	総合 調べ学習、自然環境調査（近くの海や川）
8. 本部小学校	総合 海探検 例）本部のカツオ漁 魚類の燻製作り 海辺の生き物 地域 地場産物活用「かつお」①
9. 屋我地小学校	総合「海の生き物」 学校安全計画「イカダ競争」「海は友達」 学校行事「海岸美化活動」
10. 名護小学校	総合（3・4 年）「海の恵みに感謝しよう」 （6 年）「海の自然」
11. 瀬喜田小学校	学校行事「海洋体験」「タコ捕り」 ・海浜遠足「しかけ網漁」「川エビ捕り」 ・ウミガメ卵の放流「総合・生活」
12. 久志小学校	年間計画（3・4 年）「魚を食べよう」
13. 久辺小学校	性教育（3 年理科）「魚や動物の発達」
14. 宜野座小学校	給食指導年間計画 取り入れたい食品月別 など
15. 漢那小学校	総合（3 年）「海の幸大好き大作戦」
16. 伊平屋小学校	教科等（理科）「魚や人の誕生」環境教育 （体育）「海遊び」「海浜水泳指導」
17. 野甫小学校	教科等（5 年理科）「魚や人の誕生」 特別活動 児童会「海岸清掃活動」 総合「海の恵みに感謝しよう」
18. 伊是名小学校	教科等（5 年理科）「魚や人の誕生」 特別活動「トライアスロンボランティア」

中頭地区（小学校）（15 校／ 70 校中）

1. 安富祖小学校	環境教育「海岸清掃」 委員会活動「海クラブ」
2. 喜屋武小学校	総合 (5 年)「体験しよう」 (恩納村の美しい海を利用した栽培漁業の調べ学習)
3. 仲泊小学校	キャリア教育 (生活体験)「ハーリーごっこ」 「海辺遊び」「仲泊海岸体験」「浜遊び」 教科等 (1・2 年)「前兼久ハーリー」 総　合 (3 ～ 6 年)「前兼久ハーリー」
4. 山田小学校	環境教育 (自然体験的活動)「海洋体験学習」
5. 宮森小学校	環境教育 (理科)「人と環境のかかわり」(水・海・川・山等)
6. 城前小学校	環境教育 (理科)「環境破壊」(海・山・川等)
7. 伊計小学校	学校行事「伊計ハーリー」
8. 宮城小学校	総合「モズク収穫体験」「ヌチマース工場見学」 「海ブドウ植付け体験」「漁業体験」 「オオガニ観察」
9. 桃原小学校	特活 (1 年)「桃原ハーリー」
10. 平安座小学校	学校行事 6 月 :「平安座ハーリー」 7 月 :「あやはしハーリー」
11. 与那城小学校	環境教育 (2 年生活)「海の生き物をさがそう」 (2 年国語)「さんごの海の生きものたち」 (3 年総合)「私たちの海をきれいにしよう」 (5 年社・特)「とる漁業にはげむ人々」 (6 年国語)「海の命」 平和教育 (3 年総合)「地域の海そうじ」 (4・5 年総合)「海浜美化活動」
12. 比嘉小学校	総合 (3・4 年)「ハーリーを知ろう」(ハーリー体験、大会参加) 「浜比嘉島探検隊」(島の特産物モズク) (5・6 年)「ハーリーを調査・体験しよう」 (ハーリーの由来、体験、参加)「もずく漁体験」
13. 津堅小学校	全体計画「追いこみ漁体験」(地域関係機関との連携) 教科等 (1 ～ 6 年道徳)「サバニで島まわり」
14. 天願小学校	教科等 (5 年理科)「魚や人のたんじょう」
15. あげな小学校	月別食指導計画 6 月 :「海草の栄養素とその働きについて」

那覇地区（小学校）（24 校／ 54 校中）

1. 沢岻小学校	環境教育 (2 年国語)「さけが大きくなるまで」 (6 年社会)「サケの一生」 全体計画 (3 年社会)「調べよう物を作る仕事」 (車エビ、海ぶどう養殖場)
2. 仲西小学校	環境教育 (5 年社会)「これからの水産業」
3. 牧港小学校	全体計画 (高学年)「豚肉や海藻類を多く食べることで 長寿を保ってきた先人の知恵を知る」 旬の食材「さんま」
4. 当山小学校	旬の食材「はたはた、たら、もずく、アーサ、グルクン、シーラ」
5. 安謝小学校	学校行事「那覇ハーリーの参加」 教科等 (4 年道徳)「魚大好きさかなクン」
6. 城南小学校	特別活動 (4 ～ 6 月)「魚を食べよう」
7. 壷屋小学校	教科「体を作る肉・魚・豆・卵類について知ろう」
8. 神原小学校	旬の食材「アーサ、もずく、さんま」
9. 与儀小学校	特活「魚を食べよう」
10. 城岳小学校	教科等 (道徳)「さけの一生」 旬の食材「さんま、あさり、もずく、めかじき、そでいか、うなぎ」 食文化「ハーリー」
11. 開南小学校	旬の食材「あおさ、もずく、カレイ、とびうお、さんま、さけ」
12. 小禄小学校	教科等 (1 年道徳)「海ガメの赤ちゃん」 (4 年道徳)「魚大好き魚マン」
13. 高良小学校	教科等　(5 年社会)「水産業の盛んな地域」 (6 年道徳)「サケの一生」 旬の食材「もずく」 給食指導 (5 年理科)「生命の誕生」
14. 宇栄原小学校	教科 (5 年社会)「水産業の盛んな地域」
15. 古蔵小学校	教科等 (5 年理科)「魚や人の誕生」(6 年道徳)「サケの一生」
16. 石嶺小学校	教科 (5 年社会)「水産業の盛んな地域」
17. 仲井真小学校	地域活動「ハーリー」 教科等 (5 年理科)「生命の誕生」(6 年道徳)「サケの一生」
18. 金城小学校	栄養指導「丈夫な体、血や肉をつくる食品」
19. 銘苅小学校	特別活動「魚を食べよう」
20. 仲里小学校	栄養指導 (低学年)「正しい食事」
21. 美崎小学校	総合 (3 年)「もずく博士になろう」(6 年)「海からのおくりもの」 教科 (5 年理科)「魚や人の誕生」
22. 久米島小学校	栄養指導「魚と人の誕生」 旬の食材「アーサ、もずく、さんま、ブリ、クガニ」
23. 比屋定小学校	栄養指導「モズクの日メニュー (もずく、アーサ、さんま、サバ、ひじき、ブリ)」
24. 大岳小学校	教科「魚や人の誕生」 総合「鳥島ハーリー」

島尻地区（小学校）（17 校／ 42 校中）

1. 長嶺小学校	教科等 (2 年生活)「海の生き物と友達になろう」 (5 年社会)「魚や人の誕生」(6 年道徳）「サケの一生」
2. 糸満小学校	学校行事「糸満ハーレー」「子供ハーレー」
3. 糸満南小学校	学校行事「糸満ハーレー」 教科　(5 年理科)「魚や人の誕生」
4. 喜屋武小学校	教科　(国語)「海の命」 学校行事「ハーレー」 総合「海人からの発信」「ジュランの海から環境を見つめよう」
5. 米須小学校	教科　（国語）「海の命」 学校行事「ハーレー」「いかだ祭り」
6. 西崎小学校	教科　(5 年社会)「郷土の農業・水産業」 学校行事「糸満ハーレー」
7. 船越小学校	特別活動「魚を食べよう」
8. 玉城小学校	学校行事「ハーレー」
9. 百名小学校	教科（5 年理科）「人や魚の誕生」
10. 久高小学校	総合「久高島の環境」
11. 渡嘉敷小学校	教科 (5 年理科)「魚や人の誕生」
12. 阿波連小学校	教科（5 年社会）「魚や人の誕生」（6 年国語）「海の命」 （3 ～ 6 年体育）「海洋体験」
13. 座間味小学校	学校行事「サバニ帆漕レース」
14. 阿嘉小学校	総合　（3・4 年）「サンゴの産卵を観察しよう」 （5・6 年）「育ったサンゴを海に戻そう」
15. 慶留間小学校	教科等（5・6 年道徳）「かつお節・なまり節づくり」 特別活動「体験ダイビング」「シュノーケリング」
16. 粟国小学校	教科（5 年理科）「魚や人の誕生」 （中学校社会）「粟国の農業・水産業について」
17. 渡名喜小学校	総合「地域を知るための体験活動」

宮古地区（小学校）（11 校／ 21 校中）

1. 南小学校	特別活動「ナマコとにらめっこ」 教科（6 年理科）「干潟のカニを見てみよう」
2. 東小学校	特別活動「海人祭」
3. 宮原小学校	地域活動「海浜清掃活動」
4. 西辺小学校	特別活動「環境整備計画」
5. 狩俣小学校	総合「海神祭」（5 年）「海からの贈り物」
6. 宮島小学校	総合「海の体験活動」
7. 池間小学校	総合「海の体験活動」特別活動「オオガニ観察」
8. 城辺小学校	学校行事「トライアスロン大会」
9. 来間小・中学校	全体計画「海洋体験」
10. 伊良部小学校	総合「地域体験」「海体験」 （4・5 年）「漁業に関心を持ち考える」
11. 多良間小学校	全体計画「学校近くの林や海などに関心を持つ」

八重山地区（小学校）（16 校／ 34 校中）

1. 崎枝小学校	総合「アーサ採り、サンゴ観察」
2. 名蔵小学校	全体計画「河川・海愛護月間」
3. 西表小学校	総合「海の体験学習」
4. 白浜小学校	教科（3 年社会）「かまぼこ作り」「白浜の海の仕事」 特別活動「海の体験学習」
5. 船浮小学校	総合「潮干狩り体験」
6. 鳩間小学校	総合「星砂採取」「グルクン釣り」
7. 吉原小学校	総合（3 ～ 6 年）「海の生き物」
8. 石垣小学校	教科（5 年社会）「食良生産を支える人々」
9. 登野城小学校	教科（3 年社会）「かまぼこ工場を見学しよう」
10. 明石小学校	総合（3・4 年）「海についての体験学習」
11. 平久保小学校	総合（4 年）「魚釣り体験」
12. 八島小学校	教科等（1 年道徳）「海神祭」（2 年生活）「刺身パーティー」

	（5年社会）「漁業」（6年道徳）「サケの一生」 総合「魚について」「かまぼこについて」
13. 波照間小学校	教科（1、2年国語）「サンゴの海の生き物たち」
14. 大原小学校	全体計画「魚について知ろう」
15. 上原小学校	全体計画「魚巻集会」
16. 久部良小学校	教科（2年国語）「サンゴの海の生き物たち」

国頭地区（中学校）（12校／25校中）

1. 国頭中学校	食に関する指導年間計画「望ましい食生活」 1、給食週間について 地産・地消（地元で採れる魚や海藻）
2. 大宜味中学校	教科等（家庭科）「肉と魚を使った料理」
3. 東中学校	食に関する指導年間計画「望ましい食生活」（1、2、3年生） 給食週間について 地産・地消（地元で採れる魚や海藻） 総合（全学年）「海の体験」
4. 有銘中学校	食に関する指導年間計画「望ましい食生活」 2、生活習慣病を予防しよう
5. 上本部中学校	道徳年間指導計画（3年）「お魚さんありがとう」
6. 水納中学校	食に関する指導年間計画「望ましい食生活」 1、給食週間について 地産・地消（地元で採れる魚や海藻）
7. 名護中学校	食に関する指導年間計画「望ましい食生活」 1、給食週間について 地産・地消（地元で採れる魚や海藻）
8. 久志中学校	総合（全学年）「海洋体験」
9. 久辺中学校	食に関する指導年間計画「望ましい食生活」 1、給食週間について 地産・地消（地元で採れる魚や海藻）
10. 東江中学校	食に関する指導年間計画「望ましい食生活」 1、給食週間について 地産・地消（地元で採れる魚や海藻）
11. 伊江中学校	食に関する指導年間計画「望ましい食生活」 1、給食週間について 地産・地消（地元で採れる魚や海藻）
12. 伊平屋中学校	食に関する指導年間計画「望ましい食生活」 1、給食週間について 地産・地消（地元で採れる魚や海藻） 総合（全学年）自然体験学習

中頭地区（中学校）（17 校／ 38 校中）

1. 安富祖中学校	総合　「浜下り」
2. 喜屋武中学校	教科　（1 年国語）「恩納村の海や山などのテーマの標語づくり」
3. 恩納中学校	教科等（1 年道徳）「ウミガメは今…」 総合　（3 年）「ハーリー体験」
4. 仲泊中学校	生徒会活動「前兼区漁港清掃」
5. 山田中学校	環境教育 自然体験的活動「海洋体験学習」
6. 伊計中学校	学校行事「伊計ハーリー」
7. 浜中学校	総合　「ハーリー」
8. 平安座中学校	学校行事　6 月「平安座ハーリー」 7 月「あやはしハーリー」
9. 与勝第二中学校	総合　（1 年）地域の産業自然・文化「講話（もずく）」 全体計画 地域・関係機構との連携「漁業体験」
10. 津堅中学校	全体計画「追い込み漁体験」（地域関係機関連携） 教科等（1 ～ 3 年）「サバニで島まわり」
11. 古堅中学校	道徳（全体）「地域行事への参加（○○漁港ハーリー）家庭 地域、他学校・関係機関との連携 （1 年）「ウミガメは今・・・」
12. 嘉手納中学校	道徳（1 年）「海ガメの涙」
13. 美東中学校	総合（1 年）「沖縄を知ろう」泡瀬干潟についてなど
14. 嘉数中学校	総合（3 年）「よみがえれ日本海」
15. 宜野湾中学校	総合 キャリアスタートワーク体験活動
16. 中城中学校	給食指導年間計画 6 月 小魚について 「歯や骨を丈夫にする食品をとろう」
17. 西原中学校	教科（2 年社会）「日本の林業・漁業」

那覇地区（中学校）（6 校／ 28 校中）

1. 城北中学校	全体計画（地場産物の活用）「もずく、アーサ」
2. 金城中学校	道徳教育（3 年）「お魚さんありがとう」
3. 石嶺中学校	道徳教育「海ガメの涙」
4. 仲里中学校	学校行事「ハーリー」
5. 久米島中学校	伝統行事「ハーリー」
6. 久米島西中学校	給食指導年間計画（社会）「都道府県の調査（水産業）」 学校給食実施計画（旬の食材） 「もずく、アーサ、さんま、サバ、ひじき」

島尻地区(中学校)(13 校／ 25 校中)

1. 糸満中学校	学校行事「糸満ハーレー」 総合　　(1・2 年)「糸満ハーレー」
2. 高嶺中学校	学校行事「糸満ハーレー」 総合　　(1 年)「自分達の住んでいる地域を知る」
3. 西崎中学校	学校行事「糸満ハーレー」
4. 潮平中学校	学校行事「糸満ハーレー」
5. 東風原中学校	教科等 (2 年道徳)「巨大魚の飛躍」
6. 具志頭中学校	学校行事「湊川ハーレー」
7. 玉城中学校	教科等 (1 年道徳)「海業と菜の花」 (3 年道徳)「よみがえれ。日本海」 学校行事「奥武ハーレー」
8. 大里中学校	教科等 (2 年道徳)「太平洋と日本海をつなぐ横道」
9. 渡嘉敷中学校	教科 (1 年社会)「海に開かれた時代」
10. 座間味中学校	総合「座間味島とサバニ」
11. 阿嘉中学校	総合「体験ダイビング」
12. 慶留間中学校	総合 (1・2 年)「潮干狩り」
13. 粟国中学校	教科 (社会)「粟国の農業・水産業について」

宮古島地区(中学校)(9 校／ 17 校中)

1. 平良中学校	総合(1 年)「ハーレー」
2. 北中学校	特別活動「トライアスロン大会」 総合 (1 年)「宮古まるごとチェック」
3. 久松中学校	全体計画「トライアスロン交流会」
4. 西辺中学校	総合「ハーレー見学」
5. 狩俣中学校	総合 (1 年)「地域の食材調べ」 特別活動「追い込み漁体験」
6. 池間中学校	教科等 (2 年道徳)「郷土の伝統」
7. 福嶺中学校	総合 (3 年)「宮古活性化計画書作成」
8. 伊良部中学校	教科 (1 年家庭科)「調理実習 魚料理」
9. 佐良浜中学校	学校行事(1 年)「水産体験学習」 総合「カツオ 1 本釣り」「追い込み漁」「地域の料理」

八重山地区（中学校）（4 校／ 21 校中）

1. 白保中学校	特別活動「ギーラの放漁」「魚垣」
2. 伊良間中学校	特別活動「海神祭について」「海ブドウ栽培観察」 「ウミガメ繁殖調査」「魚囲い石垣」
3. 船浦中学校	総合「体験ダイビング」
4. 久部良中学校	総合「洋上体験学習」

給食時間の指導（例）

小学校 3 学年

単 元 名　学校給食から地元食材を調べよう

かまぼこ　ー沖 縄 県ー

地場産業の説明

四方を海に囲まれ、海の幸に恵まれた沖縄は昔からかまぼこをはじめ、多くの海産物を常食としてきました。沖縄のかまぼこの歴史は古く、1800年代頃にはすでに「チキアギ」という揚げかまぼこが作られ、さつま揚げの元祖になったといわれています。魚の旨味が凝縮された濃厚でコクのある味わいが特徴です。

献 立 例

牛乳、もちきびごはん、シカムドゥチ
ゴーヤーチャンプルー、くだもの

エネルギー
660kal
塩分 /2.9g

給食時間の指導
（感謝の心・食文化）

今日の給食はかまぼこを使ったシカムドゥチです。かまぼこは沖縄の伝統行事に欠かすことのできない沖縄独特の食材です。沖縄のかまぼこは、本土の「蒸す」かまぼことは異なり、油で「揚げる」のが基本です。地元の魚であるダツやミズンチュなど厳選された良質の白身を使い、さつまあげに近い伝統の形・味に仕上げられます。種類としてはおめでたい行事に欠かせない紅白かまぼこがありますが、本土のもののように底に板は付いておらず、また、沖縄そばに欠かせない大丸かまぼこは、人参やごぼう、イカ、もずくやゴーヤー入りなどもあり、多種多様です。

校外学習における活動実施計画書

石垣市立石垣小学校第３学年

単元名	かまぼこ工場見学に行こう（社会科）
ねらい	かまぼこ工場の見学を通して、働く人たちの様子やかまぼこ作りの工夫を捉えるとともに、原料や製品を通した地域とのつながりに気づくことができるようにする。
実施日時	平成26年1月21日（火）９：２０～１１：４０
参加人員	1組28名　2組31名　引率教諭４名　　計63名
引率者	１・２組担任２名　社会担当教諭１名　支援員１名　計４名
準備するもの	児童：探検バック、筆記用具、メモカード、ハンカチ、水筒、赤白帽子 教師：ホイッスル、児童名簿、救急箱、カメラ
指導事項	・ねらい、めあての確認。 ・インタビューするときのあいさつ、言葉遣いなどについて。 ・交通ルールと安全面の指導（自分勝手な行動はしない） ・ねらい、めあての達成の確認。見学で記録したことをまとめる。
日程や内容	８：５０　安全指導 ９：２０　東門出発 ９：２５　かみやーき小かまぼこ店到着 ９：３０～１０：３０　2組店内見学　店長さんの講話・インタビュー １０：３０～１１：３０　1組店内見学　店長さんの講話・インタビュー １１：３０　かみやーき小かまぼこ店出発 １１：４０　学校到着 事後のまとめ
	★見学スケジュール 1. はじめのことば 2. ごあいさつ　委員長 3. 店内見学（体験）１時間 店長さんのはなし 4. お礼の言葉　副委員長 5. 終わりの言葉 ＊各クラス時間をずらして１時間ずつ見学する。 
経　費	なし
交通手段	徒歩

「かまぼこ工場見学に行こう」

八重山地区　石垣小学校　社会科3年

かまぼこ工場の見学を通して、働く人たちの様子やかまぼこ作りの工夫をとらえると共に、原料や製品を通して、他の地域とのつながりに気づくことができるようにすることを目的としています。

◆石垣小学校のある石垣島とは

南西諸島の最南端にあるのが石垣島で、カツオ・マグロなどの大型回遊魚からシャコ貝の養殖まで、豊かな海のものに囲まれています。そんな石垣島は八重山の中でも人気のかまぼこの名産地としても知られ、釣り上げた魚のすり身を丸めて揚げたこのかまぼこは、子供から大人までみんなが大好きな海のものです。

◆取り組みについて

石垣市内の小学校は、離島でもある特徴を存分に活かす目的もあり、多くの小学校で海洋に関わる何かしらの取り組みが行われています。この石垣小学校は、今回の見学場所のかまぼこ工場へは、歩いて5分という立地。いわずもがな、小さい時からおやつとして食べているなど、親しみを持っていることでしょう。それゆえ、もっと詳しく知ることによる興味がポイントになります。

ひとクラス28人・31人という多くの人数のため、各クラス時間をずらしての見学。目的としている地域とのつながりを深く感じることにより、自分の島への愛着も促します。

校外学習における活動実施計画書

宮古島市立佐良浜小学校３年生

単元名	伊良部島の特産品（総合学習）
ねらい	カツオぶし工場で働く様子、工夫について調べる。 カツオぶし作りを通して、伊良部の特産品に関心を持つ。
実施日時	平成25年10月24日（木） 午前9時～11時
参加人員	児童11名 担任1名 計12名
引率者	担任１名
準備するもの	児童：探検バック、学習ノート、筆記用具、カメラなど
指導事項	・ねらい、めあての確認。 ・インタビューするときのあいさつ、言葉遣いなどについて。 ・交通ルールと安全面の指導（自分勝手な行動はしない） ・ねらい、めあての達成の確認。見学で記録したことをまとめる。
日程や内容	９：００ 正門集合・出発 ９：３０ 友利かつお加工工場到着 ～１０：２５ 見学 ・係りの方へあいさつ ・係りの人の説明を聞く ☆迷惑をかけない ・工場の見学 マナーを守って ＊カツオぶし加工場の様子 見学する ＊カツオぶしの作り方 ☆商品にはさわらない ＊働いている人の様子 ＊インタビュー ・質問タイム ☆説明を聞くときには ＊カツオぶしは一日どのくらい 静かに聞く 作りますか？ ＊カツオぶしを作る時の工夫や ☆大事なことや分かっ 努力していることは何ですか？ たことをメモする。 ・係の方へのお礼とあいさつ ☆お礼のあいさつ １０：３０～・友利カツオ加工場出発（徒歩） ☆帰りの安全確認 １１：００ ・学校到着
経　費	なし
交通手段	徒歩

「伊良部島の特産品・かつお節工場見学」

宮古地区伊良部島佐良浜小学校総合学習・校外学習3年

宮古地区におけるかつおの拠点である佐良浜の子供たちに、地元の特産品について関心を持ってもらおうということが目的となっています。

◆佐良浜小学校のある伊良部島とは

宮古地区では、宮古島に次ぐ大きさなのが伊良部島で、平成27年度には宮古島と伊良部島を結ぶ伊良部大橋が完成の予定となっています。佐良浜は、船での定期便が離発着する港のあるところとしても知られていますが、なんといってもカツオ漁100年を迎えるかつおの村。日本のカツオ漁を支えてきた場所でもあります。

◆取り組みについて

学習の狙いとしては、①かつお節加工場ではたらく様子や、工夫について調べる。②かつお節作りを通して、伊良部の特産物に関心を持つことをあげています。

ひと通りの見学ののち、インタビューや質問タイムを設け、子供たちの関心を強めるよう意識して指導をします。

校外学習における活動実施計画書

本部町立本部小学校第５学年

単元名	調べよう　物をつくる仕事（総合学習）
ねらい	かつおぶし工場の見学を通して、地元への関心を高め、 身近な人たちの働く姿を知ろう。
実施日時	平成26年11月28日（木）８：３０〜１１：３０
参加人員	
引率者	
準備するもの	児童：ナップサック、バインダー、筆記用具、しおり、赤白帽子、着替え、 ビニール袋、雨具（雨天の時）
指導事項	・ねらい、めあての確認。
日程や内容	８：３０　学校出発 ９：００　はじめの式 ９：１５　工場見学 １０：４０〜　質問タイム １１：００　おわりの式 １１：３０　学校到着   ・聞きたいことを考えておこう！　知りたいこと、わかったこと。 ・見学してわかったこと ＊水揚げ、分別、頭を取る、内臓を取る、かごに並べる、ゆでる、骨を抜く、 いぶす、骨やかたい部分をけずる、真空パックする、さっきんする、完成 ・注意点 ＊工場に着くまでしっかり並んで歩き、車に気を付けます。 ＊よそ見をせずに前を見て歩きます。 ＊工場のまわりでは、車やフォークリフトなどに気を付けます。 ＊海や船などに勝手に近づきません。 ＊見学中は、作業をしている方に近づきません。危ないです。 ＊きかいに近づいたり、さわったりしません。 ＊ゆかがぬれていて、すべります。ゆっくり歩きます。 ＊工場内は暗く、いろんなものがあります。足元にも注意を。 ＊工場内には何も持たずに入ります。 ＊安全のため、赤白帽子をかぶります。 ＊説明をしっかり聞きます。
経　費	なし
交通手段	徒歩

「かつお節工場見学」

沖縄本島地区　本部小学校　5年生総合学習

学校から歩いていくことのできる距離にあるかつお節工場へ、地元の名物カツオをつかって、どうやってかつお節ができるかを見学に行きます。

◆本部小学校のある本部町とは。

国頭地区にある本部町は、漁業が盛んな町です。中でもカツオは沖縄本島唯一のカツオ漁の町で、本部町の生活に密着したものでもあります。それゆえ、水揚げのシーズン4月頃になると、渡久地港をはじめとして町内にはカツオが並び、町民や観光客で大賑わいになる町です。

◆取り組みについて

見学に行く前にワークシートを配り、知りたいことを考えさせて記入します。そして、質問を促し、理解を求めます。また、工場における工程ごとにワークシートもわけ、それぞれに見学してわかったことが書き込めるようにしてあります。

水揚げ、選別、頭を取る・内臓を取るなどの作業、かごに並べるなど、完成までを12項目に分けて観察させます。

そして、取り組みとして面白いのが、かつお節を作る仕事と題して、クイズ形式で問題を作り、理解を深める試みをしています。

校外学習における活動実施計画書

座間味村立慶留間小学校６年生

単元名	かつお節づくり（総合学習）
ねらい	全国有数のかつお節製造量と味を誇った地元産業を認識し、 昔の話やかつお節作りへの思いを知ろう。
実施日時	平成 26 年６月 28 日　午前７時５０分～１８時３０分
参加人員	児童２名　担任１名　漁師３名　区長をはじめとする地域の人々
引率者	担任１名
準備するもの	
指導事項	島の海人と共に、カツオ釣りからはじめ、さばく・おろすなど 全ての工程を体験する。
日程や内容	7：50　桟橋集合・出発式 8：00　出航（かつお釣り） 12：00　帰島（伸びる場合は連絡する） ・かつおをさばく　☆釜の消毒（職員） ・かつおの身おろし　☆湯を沸かす (80 ～ 83 度) ・モミ漬けに使うカツオのすり身を作る ・かつおをバットに入れ学さん宅へ移動 ・カゴにおろしたかつおを並べる ・かつおを並べたかごをシンメー鍋に入れる ・40 分程煮込む（２回行う） ＊差し水をしながら 80 ～ 83 度を保つ ＊大判や大亀は 1 時間 20 分くらい炊く温かいうちにバラ抜き（骨抜き） を行う ＊七本骨（雌節の腹についている平たい骨）を残さずとること。 一本でも残すと節が乾燥するときに次第に割れて傷節となる。 ・モミ漬け ＊傷のついたところにシルク）かつおのすり身）で穴埋めをして スプーンで整える。 ・棚作りの乾燥室に入れる ・棚倍乾（薪木を焚いていぶす）　☆夕食 ＊手で握れる程度で火脹れが生じない程の温度で休みなく乾燥させる。
経　費	なし
交通手段	徒歩・漁船

「なまり節作り」

本島周辺離島・島尻地区　慶留間小学校　総合学習

2人の生徒のための特別授業「なまり節づくり」。島の伝統を体験することを目的としています。

◆慶留間小学校のある慶留間島とは

慶良間諸島のひとつで、座間味村に属する3つの有人離島の中で一番小さな島。阿嘉（あか）島と外地（ふかじ）島の間に挟まれた位置にあり、それぞれの島と橋で繋がっています。かつては中国と那覇を往来する進貢船の重要な中継地でした。そして、戦後、沖縄カツオ漁業発祥の地としてかつてはかつお節工場も作られ、たくさんの人で賑わっていました。

◆取り組みについて

何より、特徴的なのが「なまり節」を作る工程において、自分たちで「釣り上げる」という過程が組み込まれていることです。こうして原料を調達するところから関わることができるのは、貴重な体験といえるでしょう。

なおこの島は極端に人口が少ない島なので、高学年の児童の在籍の有無によって開催されます。この時の6年生在籍児童がいるのは2年ぶりのことでした。

島には少人数の子どもたちしかいないことと、地域の方々との連携が深いため。なまり節作りは区長宅まで利用。試食も島の人と一緒に行われます。

コラム 海の食材を使って教材化する事例
～もずくによる教育プログラム～

中城南小学校教諭　山内　かおり

沖縄の子供は水泳が得意で海のことなら何でも知っているイメージがあるようですが、以外にも水産業のこととなると知りません。５年生の社会科の単元で少々出てきますが、海外からの水産物の輸入量が解説されていたり、北海道の事例が出てくる程度です。そこで、世界第一の生産高を誇っている沖縄の「もずく」に着目し、展開させてみました。

展開１　授業

興味を持ってもらう大切な導入として、ダイバーがバキュームを持って海底に潜り、もずくを収穫しているそのダイバーの姿とその仕事ぶりから入ることにしました。

◎ダイバーのウェットスーツとホースと網を借り、提示。

何の仕事か、何に使うのか、どうやって何を採るのか？

・意見がでたところで、個々に「おたずねマップ」を作成。

＊「おたずねマップ」は教材の読み取り能力を中軸においたもので、追求課題を明確にしていくのが目的です。

①図絵の中の事実を書く

②それに対する「何だろう？」という疑問を書く

③その疑問に対する自分なりの解釈を書く。

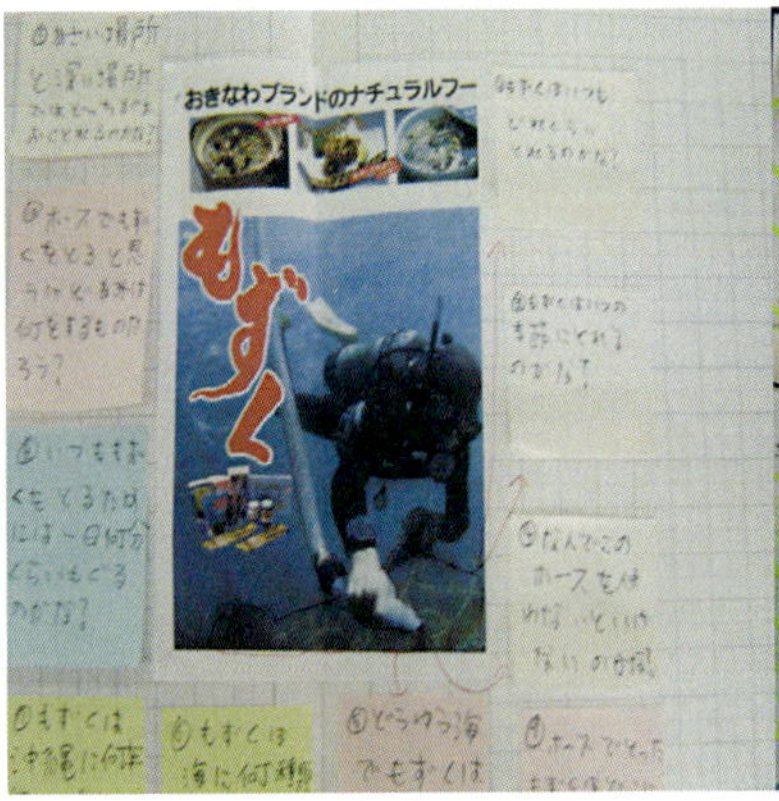

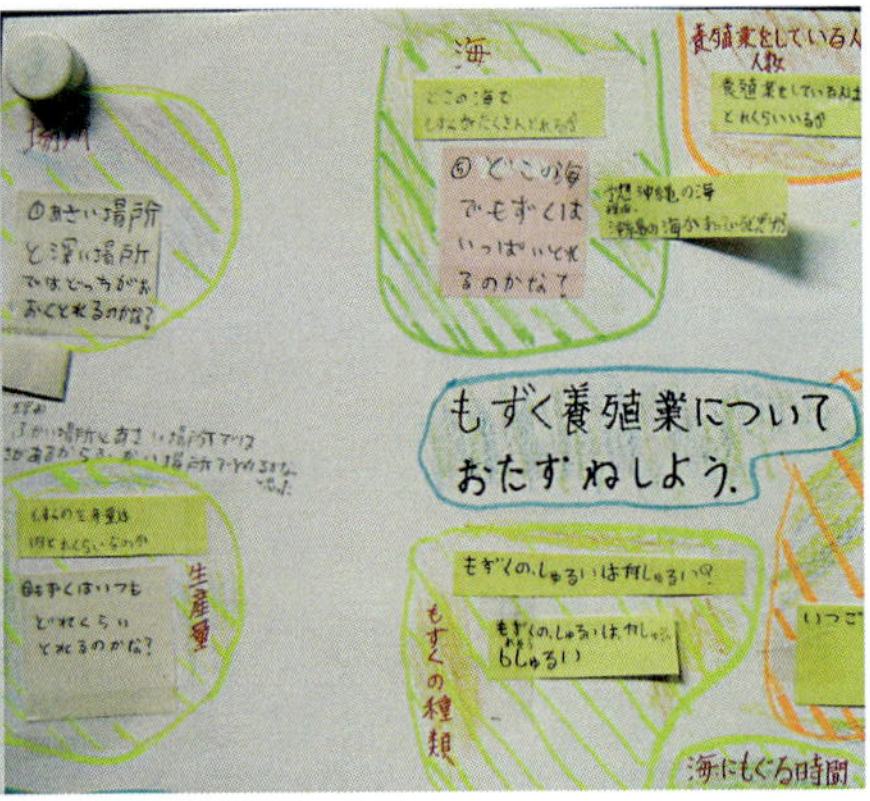

展開2　フィールドワーク

作成したおたずねマップの疑問を解決するために、バスで漁港に行き、漁協や加工業者の方の説明や、一番の関心事である「もずくは何でできているのか？」を解決するための施設見学、聞き取り調査を実施しました。

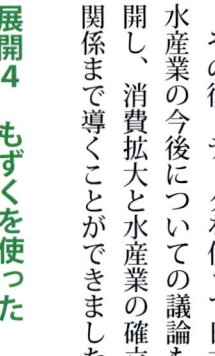

そして、教室に戻ってからは情報の交換や整理をしました。

展開3　漁師さんを教室に招いての授業

漁の現場における詳しい話を聞くために、漁の装備をしていただき、実際の話を聞きました。もずく漁への関心がぐっと深まります。漁師への夢を抱く声も上がりました。

その後、データを使って日本の水産業の今後についての議論も展開し、消費拡大と水産業の確立の関係まで導くことができました。

展開4　もずくを使った商品開発

生産高1位、県外出荷９０％を維持するために、まず、個人で

「消費が増えるための商品や宣伝」を考えさせ、その後ペアで吟味し、さらにグループで協議しました。

子どもたちの関心は高まって500近いアイデアが上がり、

学校給食で活用されるもずく丼

それを、９つの企画に大別しました。

①どきどきもずくセット
②もずたこ
③学校給食
④もずくカレンダー
⑤もずくキャンディー
⑥キャラクター
⑦もずくテーマパーク
⑧育てようもずくゲーム
⑨メロディー

これらを「沖縄県へ提言しよう」という状況まで設定し、県の水産課の方や食品加工メーカーなども交えてさらに精査していきました。実際に形にしたら儲かるのだろうか。自分が欲しいと思うか。行きたいと思うか。解決・改善策にワクワクしながら意見やアイデアを出し合いました。

「もずく」を教材に、単なる社会科の調べものをしよう！という枠を超えて商品化のアイデアまで展開したことにより、現実の社会に受け入れられるかといったところまで発展させることができました。教師が判断するのではなく、社会が判断するというような構造を授業の中で創り出し、学校が学校知で終わるのではなく、学校が社会知になっていくというような仕掛けになっているというところが今回の狙いでした。子どもにとって、「他人ごと」の水産業をどう近づけて「自分ごと」にしていくか。「もずく」はとてもいい教材となりました。

（※琉球大学教育学部附属小学校在職時の取り組みです。）

沖縄もずくは美しい海で育まれる。旬は春先。

あとがきにかえて

平成十八年に大学に奉職して早、八年になりました。私は、琉球大学の中でも管理栄養士で実務経験のある唯一の教員です。また、教育行政に勤務、幼稚園、小学校、中学校、高等学校を本務で勤務した経験のある数少ない教員でもあります。さらに国立社会教育研究所において管理栄養士で初めて社会教育主事の資格を頂いておりますので、全てのライフステージで栄養と教育の両面から専門的かつ幅広い食育の指導ができる教員として栄養教諭を目指す学生を指導してきました。そこで、今回、これまで学生と共に研究してきた内容の中から食育と海洋に関連する実践研究をまとめてみました。

本県の健康課題の解決のために、日本型食生活のすすめがあります。米飯の利点は本文中で述べているので省略しますが、魚介類のアミノ酸組成は、獣鳥肉類とあまりかわらないが、魚肉は、必須アミノ酸であるリジンを多く含むので、リジンの少ない白米を食べている日本人にとっては、大切なたんぱく質です。

また、リジンは、成長ホルモン分泌効果を倍増させるとも言われています。ゆえに、子どもたちが、リジンを多く含む海の幸に興味を持つような食育教材を開発してきました。人生の幸せはバランスです。私は、それを食育でお伝えしたいと考えています。小学校学習指導要領解説（家庭編平成十一年）では、魚や海藻などいわゆる「海のもの」と肉や野菜など「山のもの」に分けたりしてみることが考えられる、と記載されています。そのことを実践している例を紹介すると黒柳徹子著の「窓ぎわのトットちゃん」の中の幼稚園の園長先生の言葉があります。「お弁当には、海のものと山のものを入れてもらうようにお母さんにお願いしましょう。」これは、わかり易いきわめて優れた食育の言葉です。バランスよく食べる実践が、子どもの人生の選択能力につながるのです。

現代は、社会が混沌として不透明な時代だと言われているからこそ、子どもに自分の人生を自分で決める選択能力を日々の食育実践で身に付くように学校、家庭、地域で連携して指導することが大切です。そのためのこの本が、一助となりますようにお祈りします。

末尾になりましたが、出版にあたり本書の趣旨をふまえ、対談と版画使用の許可を下さった版画家の名嘉睦稔様はじめ、関係各位に心から感謝を申し上げます。

森山　克子

植栽 60 年目に開花した自宅庭の寒緋桜

◎協　力

中城村立中城南小学校教諭　山内かおり
本部町本部小学校
座間味村立慶留間小学校
石垣市立石垣小学校
宮古市立佐良浜小学校
版画家・名嘉睦稔
ダイニングカフェ・ジャノス（沖縄･北谷）
琉球大学教育学部特命研究員　名嘉裕子
琉球大学教育学部附属小学校　栄養教諭　森山 尚子
国立大学法人琉球大学教育学部 生涯健康教育コース
　宮城　理栄（11 期生）大城 まみ（11 期生）髙江洲佳乃（11 期生）仲村渠卓也（12 期生）
　下地美智子（12 期生）高宮城いづみ(12 期生）宮城沙耶香（14 期生）
　嘉手苅百里惠（14 期生）仲真次愛美野（14 期生）照喜名美佳（15 期生）
沖縄県立総合教育センター研究主事　井口直子
北谷町立北谷小学校（北谷学校給食センター）　栄養教諭　稲垣夏子
宜野湾市立大山小学校（大山学校給食センター）栄養教諭　儀保君枝
糸満市立高嶺小学校（糸満学校学校給食施センター）栄養教諭　宜保律子
名護市立名護小学校（名護学校給食センター）栄養教諭　照屋誠子
糸満市立高嶺中学校学校（糸満学校給食施センター）学校栄養職員 親泊まどか
宜野湾市立長田小学校（宜野湾学校給食センター）学校栄養職員　伊禮夏未
北谷町立第二小学校（北谷給食センター）　学校栄養職員　内間杏里
那覇市立城北中学校（首里学校給食センター）学校栄養職員　高吉　裕士
南風原町立南星中学校教諭　玉城智子
県立泡瀬支援学校教諭　下地舞彩美
フードコーディネーター　大城あさ深　　　　※協力者の勤務先は、研究当時です。

◎参考文献・資料

◆食に関する指導の手引　―第一次改訂版―　平成 22 年 3 月　文部科学省
◆琉球大学教育学部紀要・第 82 集
◆教育実践総合センター紀要・第 21 号
◆総務局・家計調査
◆内閣府・食育基本法　http://www8.cao.go.jp/syokuiku/about/
◆小学校・学習指導要領　平成 20 年 3 月
◆沖縄県教育委員会「学校教育における指導の努力点」
　http://www.pref.okinawa.jp/edu/gimu/jujitsu/shisaku/doryokuten.html
◆本部町役場　http://www.town.motobu.okinawa.jp/index.php?oid=1319&dtype=1000&pid=138
◆慶留間島　http://www.okitour.net/sightseeing/tatsujin/00078/
◆伊良部島　http://www.pref.okinawa.jp/site/doboku/doboku-miyako/doroseibi/irabuoohashi.html
◆石垣島　http://www.yaeyama.or.jp/
◆名嘉睦稔　http://bokunen.com/index.html
◆佐藤初女　https://www.ntt-f.co.jp/fusion/no27/tokusyu/tokusyu.htm
◆小学校指導要領解説家庭編　平成 11 年 5 月　文部科学省
◆窓ぎわのトットちゃん / 講談社文庫 / 黒柳徹子著
◆「里海探検隊行く」/ 農文協 / 山内かおり著
◆CHIMUGUKURU the soul spirit the heart　HUI O LAULIMA HONOLULU, HAWAII 2008

森山克子（もりやまかつこ）

■昭和五五年四月一日
県立高等学校教諭に採用（宮古高等学校勤務）
■昭和六三年四月一日
文部技官　国立沖縄青年の家事業課栄養士採用
■平成三年
北谷町立給食センター（四七〇〇食）
北谷小学校配属
■平成七年
浦添市立学校給食経塚共同調理場（四八〇〇食）
牧港小学校配属
■平成十二年四月
那覇市立首里給食センター（四三〇〇食）
城北中学校配属
■平成十四年四月
沖縄県教育委員会　保健体育課主任技師
■平成十八年四月～平成二七年三月
国立大学法人琉球大学
教育学部生涯健康教育コース
（健康栄養学）講師
※管理栄養士／調理師

海を活かした教育に
関する実践研究シリーズ②

海洋県沖縄における
学校給食からの食育
海からの贈り物

二〇一五年三月二十一日　初版発行

著　者　森山克子

編集協力　国立大学法人　琉球大学教育学部
出版協力　公益財団法人 日本財団
発 行 所　協同出版株式会社
〒101-0054
東京都千代田区神田錦町 2-5
電話　0 3-3 2 9 5-6 2 9 1（編集）
0 3-3 2 9 5-1 3 4 1（営業）

ISBN978-4-319-00270-2　Printed in japan

「海を活かした教育に関する実践研究シリーズ」刊行の趣旨

日本は1996年（平成８年）に海洋法に関する国際連合条約（国際海洋法条約）を批准し，2007年（平成19年）には海洋基本法が施行されました。その第28条には，国民が海洋についての理解や関心を深めることができるように，学校教育や社会教育で海洋に関する教育の推進等に必要な措置を国が講ずることを定めています。では，「海洋に関する教育」とは具体的にどのようなものを指すのでしょうか？ 四方を海に囲まれた日本ですが，現実には「埼玉県・栃木県・群馬県・山梨県・長野県・岐阜県・滋賀県・奈良県」のような「内陸県（海無し県）」や，「内陸部に位置する市町村」があるのも事実です。一方で沖縄県のように海に囲まれている環境であっても，学校教育や社会教育はすでに様々な役割を担っているため，その身近な海を活かした教育活動を新たに実施することが簡単であるとは言えない状況もあります。

海洋に関する教育の推進には，地理的に海に近いことを利用して直接的に海で行う教育活動と，教室の中で（海に行かないで），海に関する（海を教材とした）様々な教育を行うことの両方が必要不可欠です。琉球大学は，日本財団からの助成を受け平成26年度から「海を活かした教育に関する実践研究シリーズ」と題して，８冊に分けて初等中等教育に関係する「海」に関する教育実践資料を提供しています。この８冊は，教材の素として，教材そのものとして，実践事例として，即実践できる授業手引書として，学校での学びを実社会とつなげる視点の提供としてなどバラエティーに富んだアプローチで「海を活かした教育」を提案しています。

海を活かした教育を取り組むには，様々な制約があります。この「海を活かした教育に関する実践研究シリーズ」では，読まれた方に「いいとこ取り」していただくことで，その制約を乗り越えた形で海を活かした教育が普及することを目指しました。直接的に海で行う教育活動や，海に行かないで教室の中で様々な教育を行う際の一助となれば幸いです。

代表　吉田 安規良